Zeleni Užitki

Okusna Rastlinska Kuhinja za Vse Priložnosti

Eva Novak

Povzetek

Uvod 10

Tradicionalni indijski Rajma Dal 18

Solata iz rdečega fižola 20

Anasazi enolončnica iz fižola in zelenjave 22

Lahka in nasitna Shakshuka 24

Staromoden čili 26

Svetlo rdeča solata iz leče 28

Sredozemska solata iz čičerike 30

Tradicionalna toskanska fižolova enolončnica (Ribollita) 33

Beluga leča in mešana zelenjava 35

Mehiške sklede s čičeriko 37

Iz indijskega Makhanija 39

Skleda za fižol v mehiškem slogu 41

Klasična italijanska mineštra 43

Enolončnica iz zelene leče z zeljem 45

Vrtna zelenjavna mešanica s čičeriko 47

Vroča fižolova salsa 49

Kitajska sojina solata 51

Staromodna enolončnica iz leče in zelenjave 54

Indijska Chana Masala 56

Pašteta iz rdečega fižola 58

Skleda rjave leče 60

Vroča in začinjena fižolova juha Anasazi 62

Črnooka grahova solata (Ñebbe). 64

Mamina znana pekoča paprika 66

Čičerikina solata s kremo iz pinjol 68

Buda skleda črnega fižola 70

Bližnjevzhodna enolončnica iz čičerike 72

Leča in paradižnikova omaka 74

Kremna grahova solata 76

Humus Za'atar z Bližnjega vzhoda 79

Solata iz leče s pinjolami 81

Topla fižolova solata Anasazi 83

Tradicionalna enolončnica Mnazaleh 85

Pekoč namaz iz rdeče leče 87

V voku ocvrt začinjen snežni grah 89

Hitri čili vsak dan 91

Črnooka grahova solata 93

Avokado, polnjen s čičeriko 95

juha iz črnega fižola 97

Beluga leča solata z zelišči 101

Italijanska fižolova solata 104

Paradižnik, polnjen z belim fižolom 106

Zimska juha s črnim grahom 108

Mesne kroglice iz rdečega fižola 110

domače grahove polpetke 112

Špinačna enolončnica s črnim fižolom 114

Korenčkove energijske kroglice 116

Hrustljavi grižljaji sladkega krompirja 118

Ocvrto glazirano mlado korenje 120

Pečen ohrovtov čips 122

Namak iz indijskega sira 124

Pikantna pomaka s humusom 126

Tradicionalni libanonski mutabal 129

Ocvrta čičerika na indijski način 131

Avokado s tahinijevo omako 133

Sladki krompir 135

Salsa s paradižnikom in pečeno papriko 137

Klasična mešanica za zabave 139

Crostini z oljčnim oljem 141

Klasične veganske mesne kroglice 142

Pečen pastinak z balzamiko 144

Tradicionalni Baba Ganoush 147

Datljevi ugrizi iz arašidovega masla 149

Pečena cvetačna pomaka 150

Preprosti bučkini zvitki 152

Sladki krompirček Chipotle 154

Cannellini fižolova omaka 156

Začinjena pečena cvetača 158

Svetli libanonski tum 161

Avokado s pikantno ingverjevo omako 163

Pripravljen za prigrizek s čičeriko 165

Muhammara dip s pridihom 167

Crostini s špinačo, čičeriko in česnom 169

Gobove mesne kroglice in kanelini fižol 172

Kumarični krogi s humusom 174

Polnjeni grižljaji Jalapeño 175

Čebulni obročki v mehiškem slogu 177

Pečena korenasta zelenjava 179

Humus na indijski način 181

Korenčkova salsa in ocvrt fižol 183

Hiter in enostaven suši iz bučk 185

Češnjev paradižnik s humusom 187

Gobe v pečici 189

Zeljni čips 192

Čolni s humusom iz avokada 194

Polnjene Nacho gobe 196

Solatni zavitki s humusom in avokadom 198

Pečen brstični ohrovt 200

Poblano sladki krompirjevi poperji 202

Pečen bučkin čips..204

Pristen libanonski dip 206

Veganske ovsene polpete..208

Poprovi čolni z mangovo salso 210

Pikantni cvetovi brokolija z rožmarinom................212

Pečen hrustljav čips rdeče pese..............................214

Klasično vegansko maslo 215

Mediteranski bučni obrazi.......................................216

Uvod

Šele pred kratkim je vse več ljudi začelo sprejemati rastlinski način življenja. O tem, kaj točno je k temu življenjskemu slogu pritegnilo desetine milijonov ljudi, je sporno. Vendar pa je vse več dokazov, da življenski slog, ki temelji predvsem na rastlinski prehrani, vodi do boljšega nadzora telesne teže in splošnega zdravja brez številnih kroničnih bolezni. Kakšne so zdravstvene koristi rastlinske prehrane? Izkazalo se je, da je rastlinska prehrana ena najbolj zdravih diet na svetu. Zdrava veganska prehrana vključuje veliko svežih proizvodov, polnozrnate žitarice, stročnice in zdrave maščobe, kot so semena in oreščki. Bogate so z antioksidanti, minerali, vitamini in prehranskimi vlakninami. Sedanje znanstvene raziskave so pokazale, da je večja poraba rastlinske hrane povezana z manjšim tveganjem umrljivosti zaradi bolezni, kot so bolezni srca in ožilja, sladkorna bolezen tipa 2, visok krvni tlak in debelost. Veganski načrti obrokov se pogosto močno zanašajo na zdrava osnovna živila, pri čemer se izogibajo živalskim izdelkom, polnim antibiotikov, aditivov in hormonov. Tudi uživanje večjega deleža esencialnih aminokislin z živalskimi beljakovinami je lahko škodljivo za zdravje ljudi. Ker izdelki živalskega izvora vsebujejo 8-krat več maščob kot živila rastlinskega izvora, ni presenetljivo, da so študije pokazale, da imajo mesojedci devetkrat večjo stopnjo debelosti kot vegani. To nas pripelje do naslednje točke, ene največjih prednosti veganske prehrane: izgube teže. Medtem ko se mnogi ljudje odločijo za vegansko življenje iz etičnih razlogov, vam lahko dieta sama pomaga pri doseganju ciljev glede izgube teže. Če se trudite shujšati, bi morda želeli razmisliti o poskusu rastlinske prehrane. Kako natančno? Kot vegan boste zmanjšali visokokalorično hrano, kot so polnomastni mlečni izdelki, mastne ribe, svinjina in druga živila, ki vsebujejo holesterol, kot so jajca. Poskusite ta živila zamenjati z alternativami, bogatimi z vlakninami in beljakovinami, zaradi katerih boste dlje časa siti. Ključno je, da se osredotočite na hranljivo, čisto in naravno hrano ter se izogibate praznim kalorijam, kot so sladkor, nasičene maščobe in visoko predelana živila. Tukaj je nekaj trikov, ki so mi že leta pomagali vzdrževati težo na veganski dieti. Zelenjavo jem kot glavno jed; Jejte dobre maščobe v zmernih količinah – dobra maščoba, kot je olivno olje, vas ne zredi; Redno telovadim in kuham doma. Zabavati se! Če se trudite shujšati, bi morda želeli razmisliti o poskusu rastlinske prehrane. Kako natančno? Kot vegan boste zmanjšali visokokalorično hrano, kot so polnomastni mlečni izdelki, mastne ribe, svinjina in druga živila, ki vsebujejo holesterol. kot so jajca. Poskusite ta živila zamenjati z alternativami, bogatimi z vlakninami in beljakovinami, zaradi katerih boste dlje časa siti. Ključno je, da se osredotočite na hranljivo, čisto in naravno hrano ter se izogibate praznim kalorijam, kot so sladkor, nasičene maščobe in visoko predelana živila. Tukaj je nekaj trikov, ki so mi že leta pomagali vzdrževati težo na veganski dieti. Zelenjavo jem kot glavno jed; Jejte dobre maščobe v zmernih količinah – dobra maščoba, kot je olivno olje, vas ne zredi; Redno telovadim in kuham doma. Zabavati se! Če se trudite shujšati, bi morda želeli razmisliti o poskusu rastlinske prehrane. Kako natančno? Kot vegan boste zmanjšali visokokalorično hrano, kot so polnomastni mlečni izdelki, mastne ribe, svinjina in druga živila, ki vsebujejo holesterol, kot so jajca. Poskusite ta živila zamenjati z alternativami, bogatimi z vlakninami in beljakovinami, zaradi katerih boste dlje časa siti. Ključno je, da se osredotočite na hranljivo, čisto in naravno hrano ter se izogibate praznim kalorijam, kot so sladkor, nasičene maščobe in visoko predelana živila. Tukaj je nekaj trikov, ki so mi že leta pomagali vzdrževati težo na veganski dieti. Zelenjavo jem kot glavno jed; Jejte dobre maščobe v zmernih količinah – dobra maščoba, kot je olivno olje, vas ne zredi; Redno telovadim in kuham doma. Zabavati se! Kako natančno? Kot vegan boste zmanjšali visokokalorično hrano, kot so polnomastni mlečni izdelki, mastne ribe, svinjina in druga živila, ki vsebujejo holesterol, kot so jajca. Poskusite ta živila zamenjati z alternativami, bogatimi z vlakninami in beljakovinami, zaradi katerih boste dlje časa siti. Ključno je, da se osredotočite na hranljivo, čisto in naravno hrano ter se izogibate praznim kalorijam, kot so sladkor, nasičene maščobe in visoko predelana živila. Tukaj je nekaj trikov, ki so mi že leta pomagali vzdrževati težo na veganski dieti. Zelenjavo jem kot glavno jed; Jejte dobre maščobe v zmernih količinah – dobra maščoba, kot je olivno olje, vas ne zredi; Redno telovadim in kuham doma. Zabavati se! Kako natančno? Kot vegan boste zmanjšali visokokalorično hrano, kot so polnomastni mlečni izdelki, mastne ribe, svinjina in druga živila, ki vsebujejo holesterol, kot so jajca. Poskusite ta živila zamenjati z alternativami, bogatimi z vlakninami in beljakovinami, zaradi katerih boste dlje časa siti. Ključno je, da se osredotočite na hranljivo, čisto in naravno hrano ter se izogibate praznim kalorijam, kot so sladkor, nasičene maščobe in visoko predelana živila. Tukaj je nekaj trikov, ki so mi že leta pomagali vzdrževati težo na veganski dieti. Zelenjavo jem kot glavno jed; Jejte dobre maščobe v zmernih količinah – dobra maščoba, kot je olivno olje, vas ne zredi; Redno telovadim in kuham doma. Zabavati se! Poskusite ta živila zamenjati z alternativami, bogatimi z vlakninami in beljakovinami, zaradi katerih boste dlje časa siti. Ključno je, da se osredotočite na hranljivo, čisto in naravno hrano ter se izogibate praznim kalorijam, kot so sladkor, nasičene maščobe in visoko predelana živila. Tukaj je nekaj trikov, ki so mi že leta pomagali vzdrževati težo na veganski dieti. Zelenjavo jem kot glavno jed; Jejte dobre maščobe v zmernih količinah – dobra maščoba, kot je olivno olje, vas ne zredi; Redno telovadim in kuham doma. Zabavati se! Poskusite ta živila zamenjati z alternativami, bogatimi z vlakninami in beljakovinami, zaradi katerih boste dlje časa siti. Ključno je, da se osredotočite na hranljivo, čisto in naravno hrano ter se izogibate praznim kalorijam, kot so sladkor, nasičene maščobe in visoko predelana živila. Tukaj je nekaj trikov, ki so mi že leta pomagali vzdrževati težo na veganski dieti. Zelenjavo jem kot glavno jed; Jejte dobre maščobe v zmernih količinah – dobra maščoba, kot je olivno olje, vas ne zredi; Redno telovadim in kuham doma. Zabavati se! Jejte dobre maščobe v zmernih količinah – dobra maščoba, kot je olivno olje, vas ne zredi; Redno telovadim in kuham doma. Zabavati se! Jejte dobre maščobe v zmernih količinah – dobra maščoba, kot je olivno olje, vas ne zredi; Redno telovadim in kuham doma. Zabavati se! Jejte dobre maščobe v zmernih količinah – dobra maščoba, kot je olivno olje, vas ne zredi; Redno telovadim in kuham doma. Zabavati se! Jejte dobre maščobe v zmernih količinah – dobra maščoba, kot je olivno olje, vas ne zredi; Redno telovadim in kuham doma. Zabavati se! Jejte dobre maščobe v zmernih količinah – dobra maščoba, kot je olivno olje, vas ne zredi; Redno telovadim in kuham doma. Zabavati se! Jejte dobre maščobe v zmernih količinah – dobra maščoba, kot je olivno olje, vas ne zredi; Redno telovadim in kuham doma. Zabavati se! Ključno je, da se osredotočite na hranljivo, čisto in naravno hrano ter se izogibate praznim kalorijam, kot so sladkor, nasičene maščobe in visoko predelana živila. Tukaj je nekaj trikov, ki so mi že leta pomagali vzdrževati težo na veganski dieti. Zelenjavo jem kot glavno jed; Jejte dobre maščobe v zmernih količinah – dobra maščoba, kot je olivno olje, vas ne zredi; Redno telovadim in kuham doma. Zabavati se! Jejte dobre maščobe v zmernih količinah – dobra maščoba, kot je olivno olje, vas ne zredi;

Redno telovadim in kuham doma. Zabavati se! Jejte dobre maščobe v zmernih količinah – dobra maščoba, kot je olivno olje, vas ne zredi; Redno telovadim in kuham doma. Zabavati se! Jejte dobre maščobe v zmernih količinah – dobra maščoba, kot je olivno olje, vas ne zredi; Redno telovadim in kuham doma. Zabavati se! Jejte dobre maščobe v zmernih količinah – dobra maščoba, kot je olivno olje, vas ne zredi; Redno telovadim in kuham doma. Zabavati se! Jejte dobre maščobe v zmernih količinah – dobra maščoba, kot je olivno olje, vas ne zredi; Redno telovadim in kuham doma. Zabavati se! Jejte dobre maščobe v zmernih količinah – dobra maščoba, kot je olivno olje, vas ne zredi; Redno telovadim in kuham doma. Zabavati se! Ključno je, da se osredotočite na hranljivo, čisto in naravno hrano ter se izogibate praznim kalorijam, kot so sladkor, nasičene maščobe in visoko predelana živila. Tukaj je nekaj trikov, ki so mi že leta pomagali vzdrževati težo na veganski dieti. Zelenjavo jem kot glavno jed; Jejte dobre maščobe v zmernih količinah – dobra maščoba, kot je olivno olje, vas ne zredi; Redno telovadim in kuham doma. Zabavati se! Jejte dobre maščobe v zmernih količinah – dobra maščoba, kot je olivno olje, vas ne zredi; Redno telovadim in kuham doma. Zabavati se! Jejte dobre maščobe v zmernih količinah – dobra maščoba, kot je olivno olje, vas ne zredi; Redno telovadim in kuham doma. Zabavati se! Jejte dobre maščobe v zmernih količinah – dobra maščoba, kot je olivno olje, vas ne zredi; Redno telovadim in kuham doma. Zabavati se! Jejte dobre maščobe v zmernih količinah – dobra maščoba, kot je olivno olje, vas ne zredi; Redno telovadim in kuham doma. Zabavati se! Jejte dobre maščobe v zmernih količinah – dobra maščoba, kot je olivno olje, vas ne zredi; Redno telovadim in kuham doma. Zabavati se! Jejte dobre maščobe v zmernih količinah – dobra maščoba, kot je olivno olje, vas ne zredi; Redno telovadim in kuham doma. Zabavati se!

Tradicionalni indijski Rajma Dal

(Pripravljeno v približno 20 minutah | 4 porcije)

Na porcijo: Kalorije: 269; Maščoba: 15,2 g; Ogljikovi hidrati: 22,9 g; Beljakovine: 7,2 g

SESTAVINE

3 žlice sezamovega olja

1 čajna žlička nasekljanega ingverja

1 čajna žlička kuminovih semen

1 čajna žlička koriandrovih semen

1 velika čebula, sesekljana

1 steblo zelene, sesekljano

1 čajna žlička česna, mletega

1 skodelica paradižnikove omake

1 čajna žlička garam masala

1/2 čajne žličke karija v prahu

1 majhna palčka cimeta

1 zelen čili, brez semen in narezan

2 skodelici rdečega fižola v pločevinkah, odcejenega

2 skodelici zelenjavne juhe

Košer sol in mleti črni poper po okusu

Navodila

V ponvi segrejte sezamovo olje na srednje močnem ognju; zdaj popražimo ingver, semena kumine in semena koriandra, dokler ne zadišijo ali približno 30 sekund.

Dodajte čebulo in zeleno ter kuhajte še 3 minute, dokler se ne zmehčata.

Dodamo česen in pražimo še 1 minuto.

V ponvi zmešajte ostale sestavine in jih zavrite. Nadaljujte s kuhanjem 10-12 minut ali dokler ni kuhano. Postrezite toplo in uživajte!

Solata iz rdečega fižola

(Pripravljeno v približno 1 uri + čas ohlajanja | Za 6 porcij)

Na porcijo: Kalorije: 443; Maščoba: 19,2 g; Ogljikovi hidrati: 52,2 g; Beljakovine: 18,1 g

SESTAVINE

3/4 funta rdečega fižola, namočenega čez noč

2 papriki, sesekljani

1 korenček, olupljen in nariban

3 unče zamrznjenih ali konzerviranih koruznih zrn, odcejenih

3 žlice sesekljane šalotke

2 stroka česna, sesekljana

1 rdeča paprika, narezana

1/2 skodelice ekstra deviškega oljčnega olja

2 žlici jabolčnega kisa

2 žlici svežega limoninega soka

Morska sol in mleti črni poper po okusu

2 žlici svežega koriandra, sesekljanega

2 žlici svežega peteršilja, sesekljanega

2 žlici sveže nasekljane bazilike

Navodila

Namočen fižol prelijemo s svežo spremembo hladne vode in zavremo. Pustite vreti približno 10 minut. Zavremo in še naprej kuhamo 50-55 minut ali dokler se ne zmehča.

Pustite, da se fižol popolnoma ohladi, nato pa ga preložite v solatno skledo.

Dodajte ostale sestavine in premešajte, da se dobro povežejo. Dober tek!

Anasazi enolončnica iz fižola in zelenjave

(Pripravljeno v približno 1 uri | 3 porcije)

Na porcijo: Kalorije: 444; Maščoba: 15,8 g; Ogljikovi hidrati: 58,2 g; Beljakovine: 20,2 g

SESTAVINE

1 skodelica Anasazi fižola, namočenega čez noč in odcejenega

3 skodelice pražene zelenjavne juhe

1 lovorjev list

1 vejica timijana, sesekljana

1 vejica rožmarina, sesekljana

3 žlice oljčnega olja

1 velika čebula, sesekljana

2 stebli zelene, sesekljani

2 korenčka, sesekljana

2 papriki brez semen in narezani

1 zelen čili, brez semen in narezan

2 stroka česna, sesekljana

Morska sol in mleti črni poper po okusu

1 čajna žlička kajenskega popra

1 čajna žlička paprike

Navodila

V ponvi zavrite fižol Anasazi in juho. Ko je kuhano, segrejte do vrenja. Dodajte lovorjev list, timijan in rožmarin; dušite približno 50 minut ali dokler se ne zmehča.

Medtem v ponvi z debelim dnom na srednje močnem ognju segrejte olivno olje. Na tej točki pražite čebulo, zeleno, korenje in papriko približno 4 minute, dokler se ne zmehčajo.

Dodamo česen in pražimo še 30 sekund oziroma dokler ne zadiši.

Prepraženo mešanico dodamo kuhanemu fižolu. Začinimo s soljo, črnim poprom, kajenskim poprom in papriko.

Med občasnim mešanjem kuhajte še 10 minut oziroma dokler ni vse kuhano. Dober tek!

Lahka in nasitna Shakshuka

(Pripravljeno v približno 50 minutah | 4 porcije)

Na porcijo: Kalorije: 324; Maščoba: 11,2 g; Ogljikovi hidrati: 42,2 g; Beljakovine: 15,8 g

SESTAVINE

2 žlici oljčnega olja

1 čebula, sesekljana

2 papriki, sesekljani

1 poblano paprika, sesekljana

2 stroka česna, sesekljana

2 paradižnika, pretlačena

Morska sol in črni poper po okusu

1 čajna žlička posušene bazilike

1 čajna žlička čilijevih kosmičev

1 čajna žlička paprike

2 lovorjeva lista

1 skodelica čičerike, namočene čez noč, oprane in odcejene

3 skodelice zelenjavne juhe

2 žlici svežega koriandra, grobo sesekljanega

Navodila

V ponvi na srednjem ognju segrejte olivno olje. Ko se segrejejo, kuhajte čebulo, papriko in česen približno 4 minute, da se zmehčajo in zadišijo.

Dodajte paradižnikovo mezgo, morsko sol, črni poper, baziliko, rdečo papriko, papriko in lovorjev list.

Zavremo ter dodamo čičeriko in zelenjavno osnovo. Pečemo 45 minut ali dokler se ne zmehča.

Okusite in prilagodite začimbe. Shakshuko nalijte v posamezne sklede in postrezite okrašeno s svežim cilantrom. Dober tek!

Staromoden čili

(Pripravljeno v približno 1 uri in 30 minutah | Za 4 porcije)

Na porcijo: Kalorije: 514; Maščoba: 16,4 g; Ogljikovi hidrati: 72 g; Beljakovine: 25,8 g

SESTAVINE

3/4 funta rdečega fižola, namočenega čez noč

2 žlici oljčnega olja

1 čebula, sesekljana

2 papriki, sesekljani

1 rdeča paprika, sesekljana

2 palčki zelene, sesekljane

2 stroka česna, sesekljana

2 lovorjeva lista

1 čajna žlička mlete kumine

1 čajna žlička timijana, sesekljanega

1 čajna žlička črnega popra v zrnu

20 oz paradižnikov, zdrobljenih

2 skodelici zelenjavne juhe

1 čajna žlička prekajene paprike

Morska sol, po okusu

2 žlici svežega koriandra, sesekljanega

1 avokado, izkoščičen, olupljen in narezan

Navodila

Namočen fižol prelijemo s svežo spremembo hladne vode in zavremo. Pustite vreti približno 10 minut. Zavremo in še naprej kuhamo 50-55 minut ali dokler se ne zmehča.

V ponvi z debelim dnom na srednjem ognju segrejte oljčno olje. Ko se segreje, prepražimo čebulo, papriko in zeleno.

Česen, lovorjev list, mleto kumino, timijan in črni poper pražite približno 1 minuto.

Dodamo na kocke narezan paradižnik, zelenjavno juho, papriko, sol in kuhan fižol. Med občasnim mešanjem kuhajte 25 do 30 minut ali dokler niso kuhane.

Postrezite okrašeno s svežim cilantrom in avokadom. Dober tek!

Svetlo rdeča solata iz leče

(Pripravljeno v približno 20 minutah + hiter čas ohlajanja | 3 porcije)

Na porcijo: Kalorije: 295; Maščoba: 18,8 g; Ogljikovi hidrati: 25,2 g; Beljakovine: 8,5 g

SESTAVINE

1/2 skodelice rdeče leče, namočene čez noč in odcejene

1 1/2 skodelice vode

1 vejica rožmarina

1 lovorjev list

1 skodelica grozdnih paradižnikov, prepolovljena

1 kumara, narezana na tanke rezine

1 paprika, narezana na tanke rezine

1 strok česna, mlet

1 čebula, narezana na tanke rezine

2 žlici svežega limoninega soka

4 žlice oljčnega olja

Morska sol in mleti črni poper po okusu

Navodila

V ponev dodajte rdečo lečo, vodo, rožmarin in lovorov list ter na močnem ognju zavrite. Nato zavrite in kuhajte še 20 minut ali dokler se ne zmehča.

Lečo damo v solatno skledo in pustimo, da se popolnoma ohladi.

Dodajte ostale sestavine in premešajte, da se dobro povežejo. Postrežemo jo pri sobni temperaturi ali zelo hladno.

Dober tek!

Sredozemska solata iz čičerike

(Pripravljeno v približno 40 minutah + hitro ohlajanje | Za 4 porcije)

Na porcijo: Kalorije: 468; Maščoba: 12,5 g; Ogljikovi hidrati: 73 g; Beljakovine: 21,8 g

SESTAVINE

2 skodelici čičerike, namočene čez noč in odcejene

1 perzijska kumara, narezana na rezine

1 skodelica češnjevih paradižnikov, prerezanih na pol

1 rdeča paprika brez semen in narezana

1 zelena paprika brez semen in narezana

1 čajna žlička delikatesne gorčice

1 čajna žlička koriandrovih semen

1 čajna žlička jalapeno popra, sesekljanega

1 žlica svežega limoninega soka

1 žlica balzamičnega kisa

1/4 skodelice ekstra deviškega oljčnega olja

Morska sol in mleti črni poper po okusu

2 žlici svežega koriandra, sesekljanega

2 žlici izkoščičenih in narezanih oliv Kalamata

Navodila

Čičeriko položite v ponev; pokrijte čičeriko z vodo za 2 cm. Zavremo.

Takoj zavrite in nadaljujte s kuhanjem približno 40 minut ali dokler se ne zmehča.

Čičeriko prestavimo v solatno skledo. Dodajte ostale sestavine in premešajte, da se dobro povežejo. Dober tek!

Tradicionalna toskanska fižolova enolončnica (Ribollita)

(Pripravljeno v približno 25 minutah | 5 obrokov)

Na porcijo: Kalorije: 388; Maščobe: 10,3 g; Ogljikovi hidrati: 57,3 g; Beljakovine: 19,5 g

SESTAVINE

3 žlice oljčnega olja

1 srednje velik por, sesekljan

1 zelena z listi, sesekljana

1 bučka, narezana na kocke

1 italijanski poper, narezan

3 stroki česna, sesekljani

2 lovorjeva lista

Košer sol in mleti črni poper po okusu

1 čajna žlička kajenskega popra

1 pločevinka (28 oz) paradižnikov, pire

2 skodelici zelenjavne juhe

2 pločevinki (15 oz) velikega severnega fižola, odcejen

2 skodelici kodrastega zelja, narezanega na kose

1 skodelica krutonov

Navodila

V ponvi z debelim dnom na srednjem ognju segrejte oljčno olje. Ko se segreje, približno 4 minute pražimo por, zeleno, bučke in poper.

Česen in lovorjev list pražite približno 1 minuto.

Dodamo začimbe, paradižnik, osnovo in fižol iz pločevinke. Med občasnim mešanjem dušite približno 15 minut ali dokler ni kuhano.

Dodamo zelje in med občasnim mešanjem kuhamo še 4 minute.

Postrežemo jih okrašene s krutoni. Dober tek!

Beluga leča in mešana zelenjava

(Pripravljeno v približno 25 minutah | 5 obrokov)

Na porcijo: Kalorije: 382; Maščoba: 9,3 g; Ogljikovi hidrati: 59g; Beljakovine: 17,2 g

SESTAVINE

3 žlice oljčnega olja

1 čebula, sesekljana

2 papriki brez semen in narezani

1 korenček, olupljen in narezan

1 pastinak, očiščen in narezan

1 čajna žlička nasekljanega ingverja

2 stroka česna, sesekljana

Morska sol in mleti črni poper po okusu

1 velika bučka, narezana na kocke

1 skodelica paradižnikove omake

1 skodelica zelenjavne juhe

1 1/2 skodelice beluga leče, namočene čez noč in odcejene

2 skodelici blitve

Navodila

V nizozemski pečici segrejte olivno olje, dokler ne zacvrči. Zdaj prepražimo čebulo, papriko, korenček in pastinak do mehkega.

Dodajte ingver in česen ter nadaljujte s praženjem še 30 sekund.

Zdaj dodajte sol, črni poper, bučke, paradižnikovo omako, zelenjavno juho in lečo; pustimo vreti približno 20 minut, da se vse dobro skuha.

Dodamo čebulo; pokrijemo in kuhamo še 5 minut. Dober tek!

Mehiške sklede s čičeriko

(Pripravljeno v približno 15 minutah | 4 porcije)

Na porcijo: Kalorije: 409; Maščobe: 13,5 g; Ogljikovi hidrati: 61,3 g; Beljakovine: 13,8 g

SESTAVINE

2 žlici sezamovega olja

1 rdeča čebula, sesekljana

1 habanero poper, sesekljan

2 stroka česna, nasekljana

2 papriki brez semen in narezani na kocke

Morska sol in mleti črni poper

1/2 čajne žličke mehiškega origana

1 čajna žlička mlete kumine

2 zrela paradižnika, pretlačena

1 čajna žlička rjavega sladkorja

16 unč konzervirane čičerike, odcejene

4 tortilje iz moke (8 palcev).

2 žlici svežega koriandra, grobo sesekljanega

Navodila

V veliki ponvi na zmernem ognju segrejte sezamovo olje. Nato pražite čebulo 2 do 3 minute ali dokler se ne zmehča.

Dodajte papriko in česen ter nadaljujte s praženjem 1 minuto ali dokler ne zadiši.

Dodamo začimbe, paradižnik in rjavi sladkor ter zavremo. Takoj segrejte na ogenj, dodajte čičeriko iz pločevinke in kuhajte še 8 minut oziroma dokler se ne segreje.

Tortilje popečemo in razporedimo po pripravljeni čičerikini mešanici.

Prelijte s svežim cilantrom in takoj postrezite. Dober tek!

Iz indijskega Makhanija

(Pripravljeno v približno 20 minutah | 6 obrokov)

Na porcijo: Kalorije: 329; Maščobe: 8,5 g; Ogljikovi hidrati: 44,1 g; Beljakovine: 16,8 g

SESTAVINE

3 žlice sezamovega olja

1 velika čebula, sesekljana

1 paprika brez semen in narezana

2 stroka česna, sesekljana

1 žlica nastrganega ingverja

2 zelena čilija, brez semen in narezana

1 čajna žlička kuminovih semen

1 lovorjev list

1 čajna žlička kurkume v prahu

1/4 čajne žličke rdeče paprike

1/4 čajne žličke mletega pimenta

1/2 čajne žličke garam masale

1 skodelica paradižnikove omake

4 skodelice zelenjavne juhe

1 1/2 skodelice črne leče, namočene čez noč in odcejene

4-5 curryjevih listov, za okras h

Navodila

V ponvi segrejte sezamovo olje na srednje močnem ognju; zdaj kuhajte čebulo in papriko še 3 minute, dokler se ne zmehčata.

Dodajte česen, ingver, zeleno papriko, semena kumine in lovorjev list; nadaljujte s praženjem, pogosto mešajte, 1 minuto ali dokler ne zadiši.

Zmešajte druge sestavine razen curryjevih listov. Sedaj pa ogenj zavrite. Nadaljujte s kuhanjem še 15 minut ali dokler ni kuhano.

Okrasite s curryjevimi listi in postrezite vroče!

Skleda za fižol v mehiškem slogu

(Pripravljeno v približno 1 uri + čas ohlajanja | Za 6 porcij)

Na porcijo: Kalorije: 465; Maščobe: 17,9 g; Ogljikovi hidrati: 60,4 g; Beljakovine: 20,2 g

SESTAVINE

1 kilogram rdečega fižola, ki ga čez noč namočimo in odcedimo

1 skodelica konzerviranih koruznih zrn, odcejenih

2 pečeni papriki, narezani na rezine

1 feferon, drobno sesekljan

1 skodelica češnjevih paradižnikov, prerezanih na pol

1 rdeča čebula, sesekljana

1/4 skodelice svežega koriandra, sesekljanega

1/4 skodelice svežega peteršilja, sesekljanega

1 čajna žlička mehiškega origana

1/4 skodelice rdečega vinskega kisa

2 žlici svežega limoninega soka

1/3 skodelice ekstra deviškega oljčnega olja

Mleta morska in črna sol po okusu

1 avokado, olupljen, brez koščic in narezan na rezine

Navodila

Namočen fižol prelijemo s svežo spremembo hladne vode in zavremo. Pustite vreti približno 10 minut. Zavremo in še naprej kuhamo 50-55 minut ali dokler se ne zmehča.

Pustite, da se fižol popolnoma ohladi, nato pa ga preložite v solatno skledo.

Dodajte ostale sestavine in premešajte, da se dobro povežejo. Postrežemo ga pri sobni temperaturi.

Dober tek!

Klasična italijanska mineštra

(Pripravljeno v približno 30 minutah | 5 obrokov)

Na porcijo: Kalorije: 305; Maščobe: 8,6 g; Ogljikovi hidrati: 45,1 g; Beljakovine: 14,2 g

SESTAVINE

2 žlici oljčnega olja

1 velika čebula, narezana na kocke

2 korenja, narezana na rezine

4 stroki česna, sesekljani

1 skodelica paste za komolce

5 skodelic zelenjavne juhe

1 15-unčna pločevinka belega fižola, odcejena

1 velika bučka, narezana na kocke

1 pločevinka (28 oz) paradižnikov, pire

1 žlica svežih listov origana, sesekljanih

1 žlica svežih listov bazilike, sesekljanih

1 žlica svežega italijanskega peteršilja, sesekljanega

Navodila

V nizozemski pečici segrejte olivno olje, dokler ne zacvrči. Zdaj prepražimo čebulo in korenje do mehkega.

Dodajte česen, surove testenine in juho; pustite vreti približno 15 minut.

Zmešajte fižol, bučke, paradižnik in zelišča. Nadaljujte s kuhanjem, pokrito, približno 10 minut, dokler ni vse kuhano.

Po želji okrasite z nekaj dodatnimi zelišči. Dober tek!

Enolončnica iz zelene leče z zeljem

(Pripravljeno v približno 30 minutah | 5 obrokov)

Na porcijo: Kalorije: 415; Maščobe: 6,6 g; Ogljikovi hidrati: 71 g; Beljakovine: 18,4 g

SESTAVINE

2 žlici oljčnega olja

1 čebula, sesekljana

2 sladka krompirja, očiščena in narezana na kocke

1 paprika, sesekljana

2 korenčka, sesekljana

1 pastinak, sesekljan

1 zelena, sesekljana

2 stroka česna

1 ½ skodelice zelene leče

1 žlica mešanice italijanskih zelišč

1 skodelica paradižnikove omake

5 skodelic zelenjavne juhe

1 skodelica zamrznjene koruze

1 skodelica zelja, narezana na kose

Navodila

V nizozemski pečici segrejte olivno olje, dokler ne zacvrči. Zdaj prepražimo čebulo, sladki krompir, papriko, korenček, pastinak in zeleno do mehkega.

Dodamo česen in pražimo še 30 sekund.

Zdaj dodajte zeleno lečo, italijansko mešanico zelišč, paradižnikovo omako in zelenjavno osnovo; pustimo vreti približno 20 minut, da se vse dobro skuha.

Dodajte zamrznjeno koruzo in zelenjavo; pokrijemo in kuhamo še 5 minut. Dober tek!

Vrtna zelenjavna mešanica s čičeriko

(Pripravljeno v približno 30 minutah | 4 porcije)

Na porcijo: Kalorije: 369; Maščoba: 18,1 g; Ogljikovi hidrati: 43,5 g; Beljakovine: 13,2 g

SESTAVINE

2 žlici oljčnega olja

1 čebula, drobno sesekljana

1 paprika, sesekljana

1 koromač, sesekljan

3 stroki česna, sesekljani

2 zrela paradižnika, pretlačena

2 žlici svežega peteršilja, grobo sesekljanega

2 žlici sveže bazilike, grobo sesekljane

2 žlici svežega koriandra, grobo sesekljanega

2 skodelici zelenjavne juhe

14 unč konzervirane čičerike, odcejene

Košer sol in mleti črni poper po okusu

1/2 čajne žličke kajenskega popra

1 čajna žlička paprike

1 avokado, olupljen in narezan

Navodila

V ponvi z debelim dnom na srednjem ognju segrejte oljčno olje. Ko se segreje, približno 4 minute pražimo čebulo, papriko in koromač.

Česen pražimo približno 1 minuto oziroma dokler ne zadiši.

Dodajte paradižnik, sveža zelišča, juho, čičeriko, sol, črni poper, kajenski poper in papriko. Med občasnim mešanjem kuhajte približno 20 minut ali dokler ni kuhano.

Okusite in prilagodite začimbe. Postrezite okrašeno z rezinami svežega avokada. Dober tek!

Vroča fižolova salsa

(Pripravljeno v približno 30 minutah | 10 obrokov)

Na porcijo: Kalorije: 175; Maščobe: 4,7 g; Ogljikovi hidrati: 24,9 g; Beljakovine: 8,8 g

SESTAVINE

2 pločevinki (15 oz) velikega severnega fižola, odcejen

2 žlici oljčnega olja

2 žlici Sriracha omake

2 žlici prehranskega kvasa

4 oz veganskega kremnega sira

1/2 čajne žličke paprike

1/2 čajne žličke kajenskega popra

1/2 čajne žličke mlete kumine

Morska sol in mleti črni poper po okusu

4 unče tortiljinega čipsa

Navodila

Začnite s predgretjem pečice na 360 stopinj F.

Vse sestavine razen tortiljinega čipsa mešajte v kuhinjskem robotu, dokler ne dosežete želene konsistence.

Salso pečemo v predhodno ogreti pečici približno 25 minut oziroma dokler ni vroča.

Postrezite s tortiljinim čipsom in uživajte!

Kitajska sojina solata

(Pripravljeno v približno 10 minutah | 4 porcije)

Na porcijo: Kalorije: 265; Maščoba: 13,7 g; Ogljikovi hidrati: 21 g; Beljakovine: 18 g

SESTAVINE

1 pločevinka (15 oz) sojinih zrn, odcejena

1 skodelica rukole

1 skodelica mlade špinače

1 skodelica zelenega zelja, naribanega

1 čebula, narezana na tanke rezine

1/2 čajne žličke mletega česna

1 čajna žlička nasekljanega ingverja

1/2 čajne žličke gorčice

2 žlici sojine omake

1 žlica riževega kisa

1 žlica limoninega soka

2 žlici tahinija

1 čajna žlička agavinega sirupa

Navodila

V solatno skledo damo sojo, rukolo, špinačo, zelje in čebulo; premešajte, da se združi.

V majhni servirni skledi zmešajte preostale sestavine za preliv.

Solato začinimo in takoj postrežemo. Dober tek!

Staromodna enolončnica iz leče in zelenjave

(Pripravljeno v približno 25 minutah | 5 obrokov)

Na porcijo: Kalorije: 475; Maščoba: 17,3 g; Ogljikovi hidrati: 61,4 g; Beljakovine: 23,7 g

SESTAVINE

3 žlice oljčnega olja

1 velika čebula, sesekljana

1 korenček, sesekljan

1 paprika, narezana na kocke

1 habanero poper, sesekljan

3 stroki česna, sesekljani

Košer sol in črni poper po okusu

1 čajna žlička mlete kumine

1 čajna žlička prekajene paprike

1 pločevinka (28 oz) paradižnikov, pire

2 žlici kečapa

4 skodelice zelenjavne juhe

3/4 lb suhe rdeče leče, namočene čez noč in odcejene

1 avokado, narezan

Navodila

V ponvi z debelim dnom na srednjem ognju segrejte oljčno olje. Ko se segreje, približno 4 minute pražimo čebulo, korenček in papriko.

Česen pražite približno 1 minuto.

Dodajte začimbe, paradižnik, kečap, osnovo in lečo iz pločevinke. Med občasnim mešanjem kuhajte približno 20 minut ali dokler ni kuhano.

Postrezite okrašeno z rezinami avokada. Dober tek!

Indijska Chana Masala

(Pripravljeno v približno 15 minutah | 4 porcije)

Na porcijo: Kalorije: 305; Maščobe: 17,1 g; Ogljikovi hidrati: 30,1 g; Beljakovine: 9,4 g

SESTAVINE

1 skodelica paradižnika, pire

1 kašmirski čili, sesekljan

1 velika šalotka, sesekljana

1 čajna žlička svežega ingverja, očiščenega in naribanega

4 žlice oljčnega olja

2 stroka česna, sesekljana

1 čajna žlička koriandrovih semen

1 čajna žlička garam masala

1/2 čajne žličke kurkume v prahu

Morska sol in mleti črni poper po okusu

1/2 skodelice zelenjavne juhe

16 oz konzervirane čičerike

1 žlica svežega limoninega soka

Navodila

V mešalniku ali kuhinjskem robotu zmešajte paradižnike, kašmirsko papriko, šalotko in ingver v pasto.

V kozici na srednjem ognju segrejte olivno olje. Ko se segreje, kuhajte pripravljene testenine in česen približno 2 minuti.

Dodamo preostale začimbe, osnovo in čičeriko. Ogenj zavrite. Nadaljujte s kuhanjem še 8 minut ali dokler ni kuhano.

Odstranite z ognja. Vsako porcijo pokapajte s svežim limoninim sokom. Dober tek!

Pašteta iz rdečega fižola

(Pripravljeno v približno 10 minutah | 8 obrokov)

Na porcijo: Kalorije: 135; Maščobe: 12,1 g; Ogljikovi hidrati: 4,4 g; Beljakovine: 1,6 g

SESTAVINE

2 žlici oljčnega olja

1 čebula, sesekljana

1 paprika, sesekljana

2 stroka česna, sesekljana

2 skodelici rdečega fižola, kuhanega in odcejenega

1/4 skodelice olivnega olja

1 čajna žlička mlete gorčice

2 žlici svežega peteršilja, sesekljanega

2 žlici sveže nasekljane bazilike

Morska sol in mleti črni poper po okusu

Navodila

V kozici segrejte olivno olje na srednje močnem ognju. Zdaj kuhajte čebulo, poper in česen, dokler se ne zmehčajo ali približno 3 minute.

Dodajte praženo zmes v mešalnik; dodajte ostale sestavine. Sestavine zmešajte v mešalniku ali kuhinjskem robotu, dokler ne postanejo gladke in kremaste.

Dober tek!

Skleda rjave leče

(Pripravljeno v približno 20 minutah + hitro ohlajanje | Za 4 porcije)

Na porcijo: Kalorije: 452; Maščobe: 16,6 g; Ogljikovi hidrati: 61,7 g; Beljakovine: 16,4 g

SESTAVINE

1 skodelica rjave leče, namočene čez noč in odcejene

3 skodelice vode

2 skodelici rjavega riža, kuhanega

1 bučka, narezana na kocke

1 rdeča čebula, sesekljana

1 čajna žlička česna, mletega

1 kumara, narezana na rezine

1 paprika, narezana na rezine

4 žlice oljčnega olja

1 žlica riževega kisa

2 žlici limoninega soka

2 žlici sojine omake

1/2 čajne žličke posušenega origana

1/2 čajne žličke mlete kumine

Morska sol in mleti črni poper po okusu

2 skodelici rukole

2 skodelici zelene solate, sesekljane

Navodila

Dodajte rjavo lečo in vodo v ponev ter na močnem ognju zavrite. Nato zavrite in kuhajte še 20 minut ali dokler se ne zmehča.

Lečo damo v solatno skledo in pustimo, da se popolnoma ohladi.

Dodajte ostale sestavine in premešajte, da se dobro povežejo. Postrežemo jo pri sobni temperaturi ali zelo hladno. Dober tek!

Vroča in začinjena fižolova juha Anasazi

(Pripravljeno v približno 1 uri in 10 minutah | Za 5 porcij)

Na porcijo: Kalorije: 352; Maščobe: 8,5 g; Ogljikovi hidrati: 50,1 g; Beljakovine: 19,7 g

SESTAVINE

2 skodelici fižola Anasazi, namočenega čez noč, odcejenega in opranega

8 skodelic vode

2 lovorjeva lista

3 žlice oljčnega olja

2 srednji čebuli, sesekljani

2 papriki, sesekljani

1 habanero poper, sesekljan

3 stroki česna, stisnjeni ali sesekljani

Morska sol in mleti črni poper po okusu

Navodila

V ponvi zavrite fižol Anasazi in vodo. Ko je kuhano, segrejte do vrenja. Dodajte lovorjev list in kuhajte približno 1 uro ali dokler se ne zmehča.

Medtem v ponvi z debelim dnom na srednje močnem ognju segrejte olivno olje. Zdaj pražite čebulo, papriko in česen približno 4 minute, dokler se ne zmehčajo.

Popraženo mešanico dodamo kuhanemu fižolu. Začinite s soljo in črnim poprom.

Med občasnim mešanjem kuhajte še 10 minut oziroma dokler ni vse kuhano. Dober tek!

Črnooka grahova solata (Ñebbe).

(Pripravljeno v približno 1 uri | Za 5 porcij)

Na porcijo: Kalorije: 471; Maščoba: 17,5 g; Ogljikovi hidrati: 61,5 g; Beljakovine: 20,6 g

SESTAVINE

2 skodelici suhega graha, namočenega čez noč in odcejenega

2 žlici sesekljanih listov bazilike

2 žlici sesekljanih listov peteršilja

1 šalotka, sesekljana

1 kumara, narezana na rezine

2 papriki brez semen in narezani na kocke

1 škotski poper, brez semen in drobno sesekljan

1 skodelica češnjevih paradižnikov, narezanih na četrtine

Morska sol in mleti črni poper po okusu

2 žlici svežega limoninega soka

1 žlica jabolčnega kisa

1/4 skodelice ekstra deviškega oljčnega olja

1 avokado, olupljen, brez koščic in narezan na rezine

Navodila

Grah pokrijte z vodo za 2 cm in ga rahlo zavrite. Pustite vreti približno 15 minut.

Nato naj ogenj vre približno 45 minut. Naj se popolnoma ohladi.

Črnooki grah položite v solatno skledo. Dodamo baziliko, peteršilj, šalotko, kumare, papriko, češnjev paradižnik, sol in črni poper.

V skledici zmešamo limonin sok, kis in olivno olje.

Solato začinimo, nanjo položimo svež avokado in takoj postrežemo. Dober tek!

Mamina znana pekoča paprika

(Pripravljeno v približno 1 uri in 30 minutah | Za 5 porcij)

Na porcijo: Kalorije: 455; Maščobe: 10,5 g; Ogljikovi hidrati: 68,6 g; Beljakovine: 24,7 g

SESTAVINE

1 funt rdečega črnega fižola, namočenega čez noč in odcejenega

3 žlice oljčnega olja

1 velika rdeča čebula, narezana na kocke

2 na kocke narezani papriki

1 poblano paprika, sesekljana

1 večji korenček, olupljen in narezan na kocke

2 stroka česna, sesekljana

2 lovorjeva lista

1 čajna žlička mešanega popra

Košer sol in kajenski poper po okusu

1 žlica paprike

2 zrela paradižnika, pretlačena

2 žlici kečapa

3 skodelice zelenjavne juhe

Navodila

Namočen fižol prelijemo s svežo spremembo hladne vode in zavremo. Pustite vreti približno 10 minut. Zavremo in še naprej kuhamo 50-55 minut ali dokler se ne zmehča.

V ponvi z debelim dnom na srednjem ognju segrejte oljčno olje. Ko se segreje, prepražimo čebulo, papriko in korenček.

Česen pražimo približno 30 sekund oziroma dokler ne zadiši.

Dodamo ostale sestavine skupaj s kuhanim fižolom. Med občasnim mešanjem kuhajte 25 do 30 minut ali dokler niso kuhane.

Odstranite lovorjev list, prelijte v posamezne sklede in postrezite vroče!

Čičerikina solata s kremo iz pinjol

(Pripravljeno v približno 10 minutah | 4 porcije)

Na porcijo: Kalorije: 386; Maščoba: 22,5 g; Ogljikovi hidrati: 37,2 g; Beljakovine: 12,9 g

SESTAVINE

16 unč konzervirane čičerike, odcejene

1 čajna žlička česna, mletega

1 šalotka, sesekljana

1 skodelica češnjevih paradižnikov, prerezanih na pol

1 paprika brez semen in narezana

1/4 skodelice sveže bazilike, sesekljane

1/4 skodelice svežega peteršilja, sesekljanega

1/2 skodelice veganske majoneze

1 žlica limoninega soka

1 čajna žlička kaper, odcejenih

Morska sol in mleti črni poper po okusu

2 unči pinjol

Navodila

Čičeriko, zelenjavo in zelišča damo v solatno skledo.

Dodamo majonezo, limonin sok, kapre, sol in črni poper. Mešajte, da se združi.

Prelijte s pinjolami in takoj postrezite. Dober tek!

Buda skleda črnega fižola

(Pripravljeno v približno 1 uri | 4 porcije)

Na porcijo: Kalorije: 365; Maščobe: 14,1 g; Ogljikovi hidrati: 45,6 g; Beljakovine: 15,5 g

SESTAVINE

1/2 funta črnega fižola, namočenega čez noč in odcejenega

2 skodelici rjavega riža, kuhanega

1 srednja čebula, narezana na tanke rezine

1 skodelica paprike, brez semen in narezana

1 jalapeno paprika, brez semen in narezana

2 stroka česna, sesekljana

1 skodelica rukole

1 skodelica mlade špinače

1 čajna žlička limetine lupinice

1 žlica dijonske gorčice

1/4 skodelice rdečega vinskega kisa

1/4 skodelice ekstra deviškega oljčnega olja

2 žlici agavinega sirupa

Mleta morska sol in mleti črni poper po okusu

1/4 skodelice svežega italijanskega peteršilja, grobo sesekljanega

Navodila

Namočen fižol prelijemo s svežo spremembo hladne vode in zavremo. Pustite vreti približno 10 minut. Zavremo in še naprej kuhamo 50-55 minut ali dokler se ne zmehča.

Za serviranje razdelite fižol in riž med servirne sklede; pokrijemo z zelenjavo.

V majhni servirni skledi previdno zmešajte limetino lupinico, gorčico, kis, olivno olje, agavin sirup, sol in poper. Solato pokapljajte z vinaigrette.

Okrasite s svežim italijanskim peteršiljem. Dober tek!

Bližnjevzhodna enolončnica iz čičerike

(Pripravljeno v približno 20 minutah | 4 porcije)

Na porcijo: Kalorije: 305; Maščoba: 11,2 g; Ogljikovi hidrati: 38,6 g; Beljakovine: 12,7 g

SESTAVINE

1 čebula, sesekljana

1 rdeča paprika, sesekljana

2 stroka česna, sesekljana

1 čajna žlička gorčičnih semen

1 čajna žlička koriandrovih semen

1 lovorjev list

1/2 skodelice paradižnikove mezge

2 žlici oljčnega olja

1 zelena z listi, sesekljana

2 srednje velika korenčka, olupljena in narezana

2 skodelici zelenjavne juhe

1 čajna žlička mlete kumine

1 majhna palčka cimeta

16 unč konzervirane čičerike, odcejene

2 skodelici blitve, narezane na koščke

Navodila

V mešalniku ali kuhinjskem robotu zmešajte čebulo, rdečo papriko, česen, gorčična semena, koriandra, lovorjev list in paradižnikovo mezgo v pasto.

V ponvi segrejte oljčno olje, dokler ne zacvrči. Na tej točki kuhajte zeleno in korenje približno 3 minute ali dokler se ne zmehčata. Dodamo testenine in kuhamo še 2 minuti.

Nato dodamo zelenjavno juho, kumino, cimet in čičeriko; rahlo zavrite.

Vklopite ogenj in kuhajte 6 minut; dodamo blitvo in kuhamo še 4-5 minut oz. dokler listi ne ovenijo. Postrezite toplo in uživajte!

Leča in paradižnikova omaka

(Pripravljeno v približno 10 minutah | 8 obrokov)

Na porcijo: Kalorije: 144; Maščobe: 4,5 g; Ogljikovi hidrati: 20,2 g; Beljakovine: 8,1 g

SESTAVINE

16 unč leče, kuhane in odcejene

4 žlice posušenih paradižnikov, narezanih

1 skodelica paradižnikove paste

4 žlice tahinija

1 čajna žlička mlete gorčice

1 čajna žlička mlete kumine

1/4 čajne žličke mletega lovorovega lista

1 čajna žlička čilijevih kosmičev

Morska sol in mleti črni poper po okusu

Navodila

Vse sestavine zmešajte v mešalniku ali kuhinjskem robotu, dokler ne dosežete želene konsistence.

Do serviranja hranite v hladilniku.

Postrezite s popečenimi pita rezinami ali zelenjavnimi palčkami. Zabavati se!

Kremna grahova solata

(Pripravljeno v približno 10 minutah + hiter čas ohlajanja | 6 obrokov)

Na porcijo: Kalorije: 154; Maščobe: 6,7 g; Ogljikovi hidrati: 17,3 g; Beljakovine: 6,9 g

SESTAVINE

2 pločevinki (14,5 oz) graha, odcejenega

1/2 skodelice veganske majoneze

1 čajna žlička dijonske gorčice

2 žlici sesekljane šalotke

2 kisli kumari, sesekljani

1/2 skodelice mariniranih gob, narezanih in odcejenih

1/2 čajne žličke mletega česna

Morska sol in mleti črni poper po okusu

Navodila

Vse sestavine damo v solatno skledo. Nežno premešajte, da se združi.

Solato ohladite do serviranja.

Dober tek!

Humus Za'atar z Bližnjega vzhoda

(Pripravljeno v približno 10 minutah | 8 obrokov)

Na porcijo: Kalorije: 140; Maščobe: 8,5 g; Ogljikovi hidrati: 12,4 g; Beljakovine: 4,6 g

SESTAVINE

10 unč čičerike, kuhane in odcejene

1/4 skodelice tahinija

2 žlici ekstra deviškega oljčnega olja

2 žlici posušenih paradižnikov, narezanih

1 limona, sveže stisnjena

2 stroka česna, sesekljana

Košer sol in mleti črni poper po okusu

1/2 čajne žličke dimljene paprike

1 čajna žlička Za'atarja

Navodila

Vse sestavine zmešajte v kuhinjskem robotu, dokler niso kremaste in gladke.

Do serviranja hranite v hladilniku.

Dober tek!

Solata iz leče s pinjolami

(Pripravljeno v približno 20 minutah + hiter čas ohlajanja | 3 porcije)

Na porcijo: Kalorije: 332; Maščoba: 19,7 g; Ogljikovi hidrati: 28,2 g; Beljakovine: 12,2 g

SESTAVINE

1/2 skodelice rjave leče

1 ½ skodelice zelenjavne juhe

1 korenček, narezan na vžigalice

1 majhna čebula, sesekljana

1 kumara, narezana na rezine

2 stroka česna, sesekljana

3 žlice ekstra deviškega oljčnega olja

1 žlica rdečega vinskega kisa

2 žlici limoninega soka

2 žlici sesekljane bazilike

2 žlici sesekljanega peteršilja

2 žlici sesekljanega drobnjaka

Morska sol in mleti črni poper po okusu

2 žlici pinjol, grobo sesekljanih

Navodila

Dodajte rjavo lečo in zelenjavno osnovo v ponev in zavrite na močnem ognju. Nato zavrite in kuhajte še 20 minut ali dokler se ne zmehča.

Lečo damo v solatno skledo.

Dodamo zelenjavo in kuhamo, da se dobro premeša. V skledi zmešamo olje, kis, limonin sok, baziliko, peteršilj, drobnjak, sol in črni poper.

Solato začinimo, okrasimo s pinjolami in postrežemo pri sobni temperaturi. Dober tek!

Topla fižolova solata Anasazi

(Pripravljeno v približno 1 uri | Za 5 porcij)

Na porcijo: Kalorije: 482; Maščoba: 23,1 g; Ogljikovi hidrati: 54,2 g; Beljakovine: 17,2 g

SESTAVINE

2 skodelici fižola Anasazi, namočenega čez noč, odcejenega in opranega

6 skodelic vode

1 poblano paprika, sesekljana

1 čebula, sesekljana

1 skodelica češnjevih paradižnikov, prerezanih na pol

2 skodelici mešanega zelenja, sesekljanega

Obleci se:

1 čajna žlička česna, mletega

1/2 skodelice ekstra deviškega oljčnega olja

1 žlica limoninega soka

2 žlici rdečega vinskega kisa

1 jedilna žlica na kocke mlete gorčice

1 žlica sojine omake

1/2 čajne žličke posušenega origana

1/2 čajne žličke posušene bazilike

Morska sol in mleti črni poper po okusu

Navodila

V ponvi zavrite fižol Anasazi in vodo. Ko zavre, segrejte na ogenj in kuhajte približno 1 uro ali dokler se ne zmehča.

Kuhan fižol odcedimo in damo v solatno skledo; dodajte ostale sestavine solate.

Nato v majhni skledi zmešajte vse sestavine za preliv, dokler se dobro ne povežejo. Solato začinimo in premešamo. Postrezite pri sobni temperaturi in uživajte!

Tradicionalna enolončnica Mnazaleh

(Pripravljeno v približno 25 minutah | 4 porcije)

Na porcijo: Kalorije: 439; Maščobe: 24 g; Ogljikovi hidrati: 44,9 g; Beljakovine: 13,5 g

SESTAVINE

4 žlice oljčnega olja

1 čebula, sesekljana

1 velik jajčevec, olupljen in narezan na kocke

1 skodelica narezanega korenja

2 stroka česna, sesekljana

2 velika paradižnika, pasirana

1 čajna žlička baharat začimbe

2 skodelici zelenjavne juhe

14 unč konzervirane čičerike, odcejene

Košer sol in mleti črni poper po okusu

1 srednje velik avokado, brez koščic, olupljen in narezan

Navodila

V ponvi z debelim dnom na srednjem ognju segrejte oljčno olje. Ko se segreje, pražimo čebulo, jajčevce in korenje približno 4 minute.

Česen pražimo približno 1 minuto oziroma dokler ne zadiši.

Dodajte paradižnik, začimbe Baharat, osnovo in čičeriko iz pločevinke. Med občasnim mešanjem kuhajte približno 20 minut ali dokler ni kuhano.

Začinimo s soljo in poprom. Postrezite okrašeno z rezinami svežega avokada. Dober tek!

Pekoč namaz iz rdeče leče

(Pripravljeno v približno 25 minutah | 9 obrokov)

Na porcijo: Kalorije: 193; Maščobe: 8,5 g; Ogljikovi hidrati: 22,3 g; Beljakovine: 8,5 g

SESTAVINE

1 1/2 skodelice rdeče leče, namočene čez noč in odcejene

4 1/2 skodelice vode

1 vejica rožmarina

2 lovorjeva lista

2 zreli papriki, brez semen in narezani na kocke

1 šalotka, sesekljana

2 stroka česna, sesekljana

1/4 skodelice olivnega olja

2 žlici tahinija

Morska sol in mleti črni poper po okusu

Navodila

V ponev dodajte rdečo lečo, vodo, rožmarin in lovorjev list ter na močnem ognju zavrite. Nato zavrite in kuhajte še 20 minut ali dokler se ne zmehča.

Lečo damo v kuhinjski robot.

Dodamo druge sestavine in obdelujemo, dokler se vse dobro ne premeša.

Dober tek!

V voku ocvrt začinjen snežni grah

(Pripravljeno v približno 10 minutah | 4 porcije)

Na porcijo: Kalorije: 196; Maščobe: 8,7 g; Ogljikovi hidrati: 23 g; Beljakovine: 7,3 g

SESTAVINE

2 žlici sezamovega olja

1 čebula, sesekljana

1 korenček, olupljen in narezan

1 čajna žlička ingverjevo-česnove paste

1 kilogram graha

Sečuanski poper, po okusu

1 čajna žlička Sriracha omake

2 žlici sojine omake

1 žlica riževega kisa

Navodila

V voku segrejte sezamovo olje, da zacvrči. Zdaj pražite čebulo in korenček 2 minuti ali dokler ne postaneta hrustljava.

Dodajte ingver-česnovo pasto in nadaljujte s kuhanjem še 30 sekund.

Dodajte snežni grah in pustite, da se približno 3 minute suši na močnem ognju, dokler rahlo ne porjavi.

Nato dodajte poper, Sriracho, sojino omako in rižev kis ter pražite še eno minuto. Postrezite takoj in uživajte!

Hitri čili vsak dan

(Pripravljeno v približno 35 minutah | 5 obrokov)

Na porcijo: Kalorije: 345; Maščobe: 8,7 g; Ogljikovi hidrati: 54,5 g; Beljakovine: 15,2 g

SESTAVINE

2 žlici oljčnega olja

1 velika čebula, sesekljana

1 očiščena in na kocke narezana zelena z listi

1 korenček, olupljen in narezan na kocke

1 sladki krompir, olupljen in narezan na kocke

3 stroki česna, sesekljani

1 jalapeno paprika, sesekljana

1 čajna žlička kajenskega popra

1 čajna žlička koriandrovih semen

1 čajna žlička semen koromača

1 čajna žlička paprike

2 skodelici dušenega paradižnika, pasiranega

2 žlici kečapa

2 čajni žlički zrnc veganske juhe

1 skodelica vode

1 skodelica čebulne smetane

2 kg konzerviranega fižola, odcejenega

1 limeta, narezana

Navodila

V ponvi z debelim dnom na srednjem ognju segrejte oljčno olje. Ko se segreje, približno 4 minute pražite čebulo, zeleno, korenček in sladki krompir.

Pražite česen in jalapeno poper približno 1 minuto.

Dodamo začimbe, paradižnik, kečap, veganske bujonske kocke, vodo, čebulno smetano in fižol iz konzerve. Med občasnim mešanjem kuhajte približno 30 minut ali dokler ni kuhano.

Postrežemo jih okrašene z rezinami limete. Dober tek!

Črnooka grahova solata

(Pripravljeno v približno 1 uri | Za 5 porcij)

Na porcijo: Kalorije: 325; Maščobe: 8,6 g; Ogljikovi hidrati: 48,2 g; Beljakovine: 17,2 g

SESTAVINE

1 1/2 skodelice črnega graha, namočenega čez noč in odcejenega

4 stebla šalotke, narezana

1 korenček, narezan na trakove julienne

1 skodelica zelenega zelja, naribanega

2 papriki brez semen in narezani

2 srednje velika paradižnika, narezana na kocke

1 žlica posušenih paradižnikov, sesekljanih

1 čajna žlička česna, mletega

1/2 skodelice veganske majoneze

1 žlica limoninega soka

1/4 skodelice belega vinskega kisa

Morska sol in mleti črni poper po okusu

Navodila

Grah pokrijte z vodo za 2 cm in ga rahlo zavrite. Pustite vreti približno 15 minut.

Nato naj ogenj vre približno 45 minut. Naj se popolnoma ohladi.

Črnooki grah položite v solatno skledo. Dodajte ostale sestavine in premešajte, da se dobro povežejo. Dober tek!

Avokado, polnjen s čičeriko

(Pripravljeno v približno 10 minutah | 4 porcije)

Na porcijo: Kalorije: 205; Maščoba: 15,2 g; Ogljikovi hidrati: 16,8 g; Beljakovine: 4,1 g

SESTAVINE

2 avokada, izkoščičena in prerezana na pol

1/2 limone, sveže stisnjene

4 žlice sesekljane šalotke

1 strok česna, mlet

1 srednje velik paradižnik, sesekljan

1 paprika brez semen in narezana

1 rdeč čili, brez semen in nasekljan

2 unči čičerike, kuhane ali nitaste, odcejene

Košer sol in mleti črni poper po okusu

Navodila

Avokado položite na servirni krožnik. Vsak avokado pokapajte z limoninim sokom.

V skledi nežno premešajte preostale sestavine za nadev, dokler niso dobro vmešane.

S pripravljeno mešanico napolnimo avokado in takoj postrežemo. Dober tek!

juha iz črnega fižola

(Pripravljeno v približno 1 uri 50 minutah | Za 4 porcije)

Na porcijo: Kalorije: 505; Maščoba: 11,6 g; Ogljikovi hidrati: 80,3 g; Beljakovine: 23,2 g

SESTAVINE

2 skodelici črnega fižola, namočenega čez noč in odcejenega

1 vejica timijana

2 žlici kokosovega olja

2 čebuli, sesekljani

1 palčka zelene, sesekljane

1 korenček, olupljen in narezan

1 italijanska paprika, brez semen in narezana

1 čili, brez semen in sesekljan

4 stroki česna, stisnjeni ali sesekljani

Morska sol in sveže mlet črni poper po okusu

1/2 čajne žličke mlete kumine

1/4 čajne žličke mletega lovorovega lista

1/4 čajne žličke mletega pimenta

1/2 čajne žličke posušene bazilike

4 skodelice zelenjavne juhe

1/4 skodelice svežega koriandra, sesekljanega

2 unč tortiljinega čipsa

Navodila

V ponvi zavrite fižol in 6 skodelic vode. Ko je kuhano, segrejte do vrenja. Dodajte vejico timijana in kuhajte približno 1 uro 30 minut ali dokler se ne zmehča.

Medtem v ponvi z debelim dnom na srednje močnem ognju segrejte olje. Zdaj pražite čebulo, zeleno, korenček in papriko približno 4 minute, dokler se ne zmehčajo.

Nato pražite česen približno 1 minuto ali dokler ne zadiši.

Prepraženo mešanico dodamo kuhanemu fižolu. Nato dodamo sol, črni poper, kumino, mlet lovorov list, mlet piment, posušeno baziliko in zelenjavno juho.

Med občasnim mešanjem kuhajte še 15 minut oziroma dokler ni vse kuhano.

Okrasite s svežim cilantrom in tortiljinimi čipsi. Dober tek!

Beluga leča solata z zelišči

(Pripravljeno v približno 20 minutah + hitro ohlajanje | Za 4 porcije)

Na porcijo: Kalorije: 364; Maščobe: 17 g; Ogljikovi hidrati: 40,2 g; Beljakovine: 13,3 g

SESTAVINE

1 skodelica rdeče leče

3 skodelice vode

1 skodelica grozdnih paradižnikov, prepolovljena

1 zelena paprika brez semen in narezana na kocke

1 rdeča paprika brez semen in narezana na kocke

1 rdeča paprika, brez semen in narezana na kocke

1 kumara, narezana na rezine

4 žlice sesekljane šalotke

2 žlici svežega peteršilja, grobo sesekljanega

2 žlici svežega koriandra, grobo sesekljanega

2 žlici svežega drobnjaka, grobo sesekljanega

2 žlici sveže bazilike, grobo sesekljane

1/4 skodelice olivnega olja

1/2 čajne žličke semen kumine

1/2 čajne žličke nasekljanega ingverja

1/2 čajne žličke mletega česna

1 čajna žlička agavinega sirupa

2 žlici svežega limoninega soka

1 čajna žlička limonine lupinice

Morska sol in mleti črni poper po okusu

2 unči črnih oliv, izkoščičenih in razpolovljenih

Navodila

Dodajte rjavo lečo in vodo v ponev ter na močnem ognju zavrite. Nato zavrite in kuhajte še 20 minut ali dokler se ne zmehča.

Lečo damo v solatno skledo.

Dodajte zelenjavo in zelišča ter premešajte, da se dobro povežejo. V skledi zmešamo olje, kumino seme, ingver, česen, agavin sirup, limonin sok, limonino lupinico, sol in črni poper.

Solato začinimo, okrasimo z olivami in postrežemo pri sobni temperaturi. Dober tek!

Italijanska fižolova solata

(Pripravljeno v približno 1 uri + čas ohlajanja | Za 4 porcije)

Na porcijo: Kalorije: 495; Maščoba: 21,1 g; Ogljikovi hidrati: 58,4 g; Beljakovine: 22,1 g

SESTAVINE

3/4 lb fižola kanelini, namočenega čez noč in odcejenega

2 skodelici cvetov cvetače

1 rdeča čebula, narezana na tanke rezine

1 čajna žlička česna, mletega

1/2 čajne žličke nasekljanega ingverja

1 jalapeno paprika, sesekljana

1 skodelica češnjevih paradižnikov, narezanih na četrtine

1/3 skodelice ekstra deviškega oljčnega olja

1 žlica limoninega soka

1 čajna žlička dijonske gorčice

1/4 skodelice belega kisa

2 stroka česna, stisnjena

1 čajna žlička mešanice italijanskih zelišč

Košer sol in mleti črni poper, za začimbo

2 unč zelenih oliv, izkoščičenih in narezanih

Navodila

Namočen fižol prelijemo s svežo spremembo hladne vode in zavremo. Pustite vreti približno 10 minut. Zavremo in kuhamo še 60 minut ali dokler se ne zmehča.

Medtem kuhajte cvetove cvetače približno 6 minut ali dokler se ravno ne zmehčajo.

Pustite, da se fižol in cvetača popolnoma ohladita; nato jih prestavimo v solatno skledo.

Dodajte ostale sestavine in premešajte, da se dobro povežejo. Okusite in prilagodite začimbe.

Dober tek!

Paradižnik, polnjen z belim fižolom

(Pripravljeno v približno 10 minutah | 3 porcije)

Na porcijo: Kalorije: 245; Maščoba: 14,9 g; Ogljikovi hidrati: 24,4 g; Beljakovine: 5,1 g

SESTAVINE

3 srednje velike paradižnike, odrežite tanko rezino z vrha in odstranite celulozo

1 korenček, nariban

1 rdeča čebula, sesekljana

1 strok česna, olupljen

1/2 čajne žličke posušene bazilike

1/2 čajne žličke posušenega origana

1 čajna žlička posušenega rožmarina

3 žlice oljčnega olja

3 unče konzerviranega belega fižola, odcejenega

3 unče zrn sladke koruze, odmrznjene

1/2 skodelice tortiljinega čipsa, sesekljanega

Navodila

Paradižnik razporedimo po servirnem krožniku.

V skledi zmešamo še ostale sestavine za nadev, da se vse dobro homogenizira.

Avokado nadevajte in takoj postrezite. Dober tek!

Zimska juha s črnim grahom

(Pripravljeno v približno 1 uri in 5 minutah | Za 5 porcij)

Na porcijo: Kalorije: 147; Maščobe: 6 g; Ogljikovi hidrati: 13,5 g; Beljakovine: 7,5 g

SESTAVINE

2 žlici oljčnega olja

1 čebula, sesekljana

1 korenček, sesekljan

1 pastinak, sesekljan

1 skodelica sesekljanih čebulic koromača

2 stroka česna, sesekljana

2 skodelici posušenega graha, namočenega čez noč

5 skodelic zelenjavne juhe

Košer sol in sveže mlet črni poper za začimbo

Navodila

V nizozemski pečici segrejte oljčno olje na srednje močnem ognju. Ko se segrejejo, pražite čebulo, korenček, pastinak in koromač 3 minute ali dokler se ne zmehčajo.

Dodamo česen in še naprej pražimo 30 sekund ali dokler ne zadiši.

Dodajte grah, zelenjavno juho, sol in črni poper. Nadaljujte s kuhanjem, delno pokrito, še 1 uro ali dokler ni kuhano.

Dober tek!

Mesne kroglice iz rdečega fižola

(Pripravljeno v približno 15 minutah | 4 porcije)

Na porcijo: Kalorije: 318; Maščobe: 15,1 g; Ogljikovi hidrati: 36,5 g; Beljakovine: 10,9 g

SESTAVINE

12 unč konzerviranega ali kuhanega rdečega fižola, odcejenega

1/3 skodelice staromodnega ovsa

1/4 skodelice večnamenske moke

1 čajna žlička pecilnega praška

1 majhna šalotka, sesekljana

2 stroka česna, sesekljana

Morska sol in mleti črni poper po okusu

1 čajna žlička paprike

1/2 čajne žličke čilija v prahu

1/2 čajne žličke mletega lovorovega lista

1/2 čajne žličke mlete kumine

1 chia jajce

4 žlice oljčnega olja

Navodila

Stročji fižol damo v skledo in ga pretlačimo z vilicami.

Dobro zmešajte fižol, oves, moko, pecilni prašek, šalotko, česen, sol, črni poper, papriko, čili v prahu, mlete lovorove liste, kumino in chia jajca.

Zmes oblikujemo v štiri žemljice.

Nato v ponvi na srednjem ognju segrejte olivno olje. Mesne kroglice cvremo približno 8 minut in jih enkrat ali dvakrat obrnemo.

Postrezite s svojimi najljubšimi prelivi. Dober tek!

domače grahove polpetke

(Pripravljeno v približno 15 minutah | 4 porcije)

Na porcijo: Kalorije: 467; Maščoba: 19,1 g; Ogljikovi hidrati: 58,5 g; Beljakovine: 15,8 g

SESTAVINE

1 lb grah, zamrznjen in odmrznjen

1/2 skodelice čičerikine moke

1/2 skodelice navadne moke

1/2 skodelice drobtin

1 čajna žlička pecilnega praška

2 laneni jajci

1 čajna žlička paprike

1/2 čajne žličke posušene bazilike

1/2 čajne žličke posušenega origana

Morska sol in mleti črni poper po okusu

4 žlice oljčnega olja

4 žemljice za hamburger

Navodila

V skledi previdno zmešamo grah, moko, drobtine, pecilni prašek, lanena jajca, papriko, baziliko, origano, sol in črni poper.

Zmes oblikujemo v štiri žemljice.

Nato v ponvi na srednjem ognju segrejte olivno olje. Mesne kroglice cvremo približno 8 minut in jih enkrat ali dvakrat obrnemo.

Postrezite na burger žemljicah in uživajte!

Špinačna enolončnica s črnim fižolom

(Pripravljeno v približno 1 uri 35 minutah | Za 4 porcije)

Na porcijo: Kalorije: 459; Maščoba: 9,1 g; Ogljikovi hidrati: 72 g; Beljakovine: 25,4 g

SESTAVINE

2 skodelici črnega fižola, namočenega čez noč in odcejenega

2 žlici oljčnega olja

1 čebula, olupljena, prerezana na pol

1 jalapeno paprika, narezana

2 papriki, brez semen in narezani

1 skodelica narezanih gob

2 stroka česna, sesekljana

2 skodelici zelenjavne juhe

1 čajna žlička paprike

Košer sol in mleti črni poper po okusu

1 lovorjev list

2 skodelici narezane špinače

Navodila

Namočen fižol prelijemo s svežo spremembo hladne vode in zavremo. Pustite vreti približno 10 minut. Zavremo in še naprej kuhamo 50-55 minut ali dokler se ne zmehča.

V ponvi z debelim dnom na srednjem ognju segrejte oljčno olje. Ko se segrejejo, pražimo čebulo in papriko približno 3 minute.

Česen in gobe dušite približno 3 minute oziroma dokler gobe ne spustijo tekočine in česen zadiši.

Dodamo zelenjavno juho, papriko, sol, črni poper, lovorjev list in kuhan fižol. Med občasnim mešanjem kuhajte približno 25 minut ali dokler ni kuhano.

Nato dodamo špinačo in pokrito kuhamo približno 5 minut. Dober tek!

Korenčkove energijske kroglice

(Pripravljeno v približno 10 minutah + hitro ohlajanje | Za 8 porcij)

Na porcijo: Kalorije: 495; Maščoba: 21,1 g; Ogljikovi hidrati: 58,4 g; Beljakovine: 22,1 g

SESTAVINE

1 večji korenček, nariban korenček

1 1/2 skodelice staromodnega ovsa

1 skodelica rozin

1 skodelica datljev, med

1 skodelica kokosovih kosmičev

1/4 čajne žličke mletih nageljnovih žbic

1/2 čajne žličke mletega cimeta

Navodila

V kuhinjskem robotu zmešajte vse sestavine, dokler niso gladke in lepljive.

Testo oblikujte v enake kroglice.

Do serviranja hranite v hladilniku. Dober tek!

Hrustljavi grižljaji sladkega krompirja

(Pripravljeno v približno 25 minutah + hiter čas ohlajanja | Za 4 porcije)

Na porcijo: Kalorije: 215; Maščobe: 4,5 g; Ogljikovi hidrati: 35 g; Beljakovine: 8,7 g

SESTAVINE

4 sladke krompirje, očiščene in naribane

2 chia jajci

1/4 skodelice prehranskega kvasa

2 žlici tahinija

2 žlici čičerikine moke

1 čajna žlička šalotke v prahu

1 čajna žlička česna v prahu

1 čajna žlička paprike

Morska sol in mleti črni poper po okusu

Navodila

Začnite s predgretjem pečice na 395 stopinj F. Pekač obložite s pergamentnim papirjem ali podlogo Silpat.

Vse sestavine dobro premešajte, dokler se vse dobro ne poveže.

Testo razvaljamo v enake kroglice in postavimo v hladilnik za približno 1 uro.

Te kroglice pečemo približno 25 minut in jih na polovici pečenja obrnemo. Dober tek!

Ocvrto glazirano mlado korenje

(Pripravljeno v približno 30 minutah | 6 obrokov)

Na porcijo: Kalorije: 165; Maščobe: 10,1 g; Ogljikovi hidrati: 16,5 g; Beljakovine: 1,4 g

SESTAVINE

2 kilograma mladega korenja

1/4 skodelice olivnega olja

1/4 skodelice jabolčnega kisa

1/2 čajne žličke čilijevih kosmičev

Morska sol in sveže mlet črni poper po okusu

1 žlica agavinega sirupa

2 žlici sojine omake

1 žlica svežega koriandra, sesekljanega

Navodila

Začnite s predgretjem pečice na 395 stopinj F.

Nato korenje začinimo z olivnim oljem, kisom, feferonom, soljo, črnim poprom, agavinim sirupom in sojino omako.

Korenje pražimo približno 30 minut, ponev enkrat ali dvakrat obrnemo. Okrasite s svežim cilantrom in postrezite. Dober tek!

Pečen ohrovtov čips

(Pripravljeno v približno 20 minutah | 8 obrokov)

Na porcijo: Kalorije: 65; Maščobe: 3,9 g; Ogljikovi hidrati: 5,3 g; Beljakovine: 2,4 g

SESTAVINE

2 šopka zelja, ločeni listi

2 žlici oljčnega olja

1/2 žličke gorčičnih semen

1/2 čajne žličke semen zelene

1/2 čajne žličke posušenega origana

1/4 čajne žličke mlete kumine

1 čajna žlička česna v prahu

Groba morska sol in mleti črni poper po okusu

Navodila

Začnite s predgretjem pečice na 340 stopinj F. Pekač obložite s pergamentnim papirjem ali Silpat mar.

Ohrovtove liste dobro premešajte z ostalimi sestavinami.

Pečemo v ogreti pečici približno 13 minut, pekač enkrat ali dvakrat obrnemo. Dober tek!

Namak iz indijskega sira

(Pripravljeno v približno 10 minutah | 8 obrokov)

Na porcijo: Kalorije: 115; Maščobe: 8,6 g; Ogljikovi hidrati: 6,6 g; Beljakovine: 4,4 g

SESTAVINE

1 skodelica surovih indijskih oreščkov

1 limona, sveže stisnjena

2 žlici tahinija

2 žlici prehranskega kvasa

1/2 čajne žličke kurkume v prahu

1/2 čajne žličke sesekljane rdeče paprike

Morska sol in mleti črni poper po okusu

Navodila

Vse sestavine dajte v skledo stoječega mešalnika. Mešamo toliko časa, da dobimo homogeno, kremasto in homogeno zmes. Po potrebi lahko dodate malo vode, da ga razredčite.

Omako prelijemo v servirno skledo; postrežemo z zelenjavnimi palčkami, čipsom ali krekerji.

Dober tek!

Pikantna pomaka s humusom

(Pripravljeno v približno 10 minutah | 10 porcij)

Na porcijo: Kalorije: 155; Maščobe: 7,9 g; Ogljikovi hidrati: 17,4 g; Beljakovine: 5,9 g

SESTAVINE

20 unč konzervirane ali kuhane čičerike, odcejene

1/4 skodelice tahinija

2 stroka česna, sesekljana

2 žlici limoninega soka, sveže iztisnjenega

1/2 skodelice čičerikine tekočine

2 pečeni rdeči papriki, brez semen in narezani

1/2 čajne žličke paprike

1 čajna žlička posušene bazilike

Morska sol in mleti črni poper po okusu

2 žlici oljčnega olja

Navodila

Vse sestavine razen olja zmešajte v mešalniku ali kuhinjskem robotu do želene konsistence.

Do serviranja hranite v hladilniku.

Po želji postrezite s popečenimi rezinami pita ali čipsom. Dober tek!

Tradicionalni libanonski mutabal

(Pripravljeno v približno 10 minutah | 6 obrokov)

Na porcijo: Kalorije: 115; Maščobe: 7,8 g; Ogljikovi hidrati: 9,8 g; Beljakovine: 2,9 g

SESTAVINE

1 kilogram jajčevcev

1 čebula, sesekljana

1 žlica česnove paste

4 žlice tahinija

1 žlica kokosovega olja

2 žlici limoninega soka

1/2 čajne žličke mletega koriandra

1/4 skodelice mletih nageljnovih žbic

1 čajna žlička čilijevih kosmičev

1 čajna žlička dimljene paprike

Morska sol in mleti črni poper po okusu

Navodila

Jajčevce pražimo toliko časa, da lupina počrni; olupite jajčevce in jih prenesite v posodo kuhinjskega robota.

Dodajte ostale sestavine. Mešajte, dokler ni vse dobro vključeno.

Po želji postrezite s krutoni ali pita kruhom. Dober tek!

Ocvrta čičerika na indijski način

(Pripravljeno v približno 10 minutah | 8 obrokov)

Na porcijo: Kalorije: 223; Maščobe: 6,4 g; Ogljikovi hidrati: 32,2 g; Beljakovine: 10,4 g

SESTAVINE

2 skodelici konzervirane čičerike, odcejene

2 žlici oljčnega olja

1/2 čajne žličke česna v prahu

1/2 čajne žličke paprike

1 čajna žlička curryja v prahu

1 čajna žlička garam masala

Morska sol in rdeča paprika po okusu

Navodila

Čičeriko osušite s papirnatimi brisačkami. Na čičeriko pokapljajte oljčno olje.

Čičeriko pečemo v predhodno ogreti pečici na 200 stopinj približno 25 minut in jo enkrat ali dvakrat obrnemo.

Začinite čičeriko z začimbami in uživajte!

Avokado s tahinijevo omako

(Pripravljeno v približno 10 minutah | 4 porcije)

Na porcijo: Kalorije: 304; Maščoba: 25,7 g; Ogljikovi hidrati: 17,6 g; Beljakovine: 6 g

SESTAVINE

2 velika avokada, brez koščic in razpolovljena

4 žlice tahinija

4 žlice sojine omake

1 žlica limoninega soka

1/2 čajne žličke čilijevih kosmičev

Morska sol in mleti črni poper po okusu

1 čajna žlička česna v prahu

Navodila

Polovičke avokada razporedimo po servirnem krožniku.

V majhni skledi zmešajte tahini, sojino omako, limonin sok, feferone, sol, črni poper in česen v prahu. Salso razdelite na polovice avokada.

Dober tek!

Sladki krompir

(Pripravljeno v približno 25 minutah + hiter čas ohlajanja | Za 4 porcije)

Na porcijo: Kalorije: 232; Maščobe: 7,1 g; Ogljikovi hidrati: 37 g; Beljakovine: 8,4 g

SESTAVINE

1 1/2 kilograma sladkega krompirja, naribanega

2 chia jajci

1/2 skodelice navadne moke

1/2 skodelice drobtin

3 žlice humusa

Morska sol in črni poper po okusu

1 žlica oljčnega olja

1/2 skodelice salse

Navodila

Začnite s predgretjem pečice na 395 stopinj F. Pekač obložite s pergamentnim papirjem ali podlogo Silpat.

Vse sestavine razen omake dobro premešajte, dokler se vse dobro ne premeša.

Testo razvaljamo v enake kroglice in postavimo v hladilnik za približno 1 uro.

Te kroglice pečemo približno 25 minut in jih na polovici pečenja obrnemo. Dober tek!

Salsa s paradižnikom in pečeno papriko

(Pripravljeno v približno 35 minutah | 10 porcij)

Na porcijo: Kalorije: 90; Maščobe: 5,7 g; Ogljikovi hidrati: 8,5 g; Beljakovine: 1,9 g

SESTAVINE

4 rdeče paprike

4 paradižniki

4 žlice oljčnega olja

1 rdeča čebula, sesekljana

4 stroki česna

4 unče konzervirane čičerike, odcejene

Morska sol in mleti črni poper po okusu

Navodila

Začnite s predgretjem pečice na 400 stopinj F.

Papriko in paradižnik razporedite po pekaču, obloženem s peki papirjem. Kuhajte približno 30 minut; papriko olupimo in skupaj s pečenimi paradižniki preložimo v multipraktik.

Medtem segrejte 2 žlici oljčnega olja v ponvi na srednje močnem ognju. Čebulo in česen pražimo približno 5 minut ali dokler se ne zmehčata.

Prepraženo zelenjavo dodajte v kuhinjski robot. Dodamo čičeriko, sol, poper in preostalo olivno olje; delajte dokler ne dobite fine kreme.

Dober tek!

Klasična mešanica za zabave

(Pripravljeno v približno 1 uri in 5 minutah | 15 porcij)

Na porcijo: Kalorije: 290; Maščobe: 12,2 g; Ogljikovi hidrati: 39 g; Beljakovine: 7,5 g

SESTAVINE

5 skodelic veganskih kosmičev

3 skodelice veganskih mini preste

1 skodelica mandljev, opečenih

1/2 skodelice pepit, popečenih

1 žlica prehranskega kvasa

1 žlica balzamičnega kisa

1 žlica sojine omake

1 čajna žlička česna v prahu

1/3 skodelice veganskega masla

Navodila

Začnite s predgretjem pečice na 250 stopinj F. Velik pekač obložite s pergamentnim papirjem ali podlogo Silpat.

V servirni skledi zmešajte kosmiče, preste, mandlje in pepita.

V manjši kozici na zmernem ognju stopite ostale sestavine. Omako prelijemo čez mešanico kosmičev/oreščkov.

Pecite približno 1 uro, vsakih 15 minut mešajte, dokler ne postanejo zlato rjave in dišeče. Prenesite na rešetko, da se popolnoma ohladi. Dober tek!

Crostini z oljčnim oljem

(Pripravljeno v približno 10 minutah | 4 porcije)

Na porcijo: Kalorije: 289; Maščobe: 8,2 g; Ogljikovi hidrati: 44,9 g; Beljakovine: 9,5 g

SESTAVINE

1 polnozrnata bageta, narezana

4 žlice ekstra deviškega oljčnega olja

1/2 čajne žličke morske soli

3 stroki česna, prerezani na pol

Navodila

Predgrejte žar.

Vsako rezino kruha premažite z olivnim oljem in potresite z morsko soljo. Postavite pod predhodno segret brojler za približno 2 minuti ali dokler ni rahlo opečen.

Vsako rezino kruha natrite s česnom in postrezite. Dober tek!

Klasične veganske mesne kroglice

(Pripravljeno v približno 15 minutah | 4 porcije)

Na porcijo: Kalorije: 159; Maščoba: 9,2 g; Ogljikovi hidrati: 16,3 g; Beljakovine: 2,9 g

SESTAVINE

1 skodelica rjavega riža, kuhanega in ohlajenega

1 skodelica konzerviranega ali kuhanega rdečega fižola, odcejenega

1 čajna žlička svežega česna, mletega

1 majhna čebula, sesekljana

Morska sol in mleti črni poper po okusu

1/2 čajne žličke kajenskega popra

1/2 čajne žličke dimljene paprike

1/2 čajne žličke koriandrovih semen

1/2 žličke koriandrovih gorčičnih semen

2 žlici oljčnega olja

Navodila

V skledi dobro premešamo vse sestavine razen olivnega olja. Premešamo, da se dobro poveže in nato z naoljenimi rokami oblikujemo enakomerne kroglice.

Nato segrejte olivno olje v ponvi proti prijemanju na srednjem ognju. Ko se segrejejo, mesne kroglice cvremo približno 10 minut, da z vseh strani porjavijo.

Postrezite s koktajl palčkami in uživajte!

Pečen pastinak z balzamiko

(Pripravljeno v približno 30 minutah | 6 obrokov)

Na porcijo: Kalorije: 174; Maščoba: 9,3 g; Ogljikovi hidrati: 22,2 g; Beljakovine: 1,4 g

SESTAVINE

1 1/2 kg pastinaka, narezanega na palčke

1/4 skodelice olivnega olja

1/4 skodelice balzamičnega kisa

1 čajna žlička dijonske gorčice

1 čajna žlička semen koromača

Morska sol in mleti črni poper po okusu

1 čajna žlička mešanice mediteranskih začimb

Navodila

Zmešajte vse sestavine v skledi, dokler pastinak ni dobro obložen.

Pastinak pečemo v predhodno ogreti pečici na 200 stopinj približno 30 minut, na polovici pečenja pa premešamo.

Postrezite pri sobni temperaturi in uživajte!

Tradicionalni Baba Ganoush

(Pripravljeno v približno 25 minutah | 8 obrokov)

Na porcijo: Kalorije: 104; Maščobe: 8,2 g; Ogljikovi hidrati: 5,3 g; Beljakovine: 1,6 g

SESTAVINE

1 kilogram jajčevcev, narezanih na kolobarje

1 čajna žlička grobe morske soli

3 žlice oljčnega olja

3 žlice svežega limoninega soka

2 stroka česna, sesekljana

3 žlice tahinija

1/4 čajne žličke mletih nageljnovih žbic

1/2 čajne žličke mlete kumine

2 žlici svežega peteršilja, grobo sesekljanega

Navodila

Na kroge jajčevcev natrite morsko sol. Nato jih damo v cedilo in pustimo počivati približno 15 minut; Odcedimo, splaknemo in osušimo s kuhinjskim papirjem.

Jajčevce pražimo toliko časa, da lupina počrni; olupite jajčevce in jih prenesite v posodo kuhinjskega robota.

Dodajte oljčno olje, limonin sok, česen, tahini, nageljnove žbice in kumino. Mešajte, dokler ni vse dobro vključeno.

Okrasite s svežimi listi peteršilja in uživajte!

Datljevi ugrizi iz arašidovega masla

(Pripravljeno v približno 5 minutah | 2 porciji)

Na porcijo: Kalorije: 143; Maščobe: 3,9 g; Ogljikovi hidrati: 26,3 g; Beljakovine: 2,6 g

SESTAVINE

8 svežih datljev, izkoščičenih in razpolovljenih

8 čajnih žličk arašidovega masla

1/4 čajne žličke mletega cimeta

Navodila

Arašidovo maslo razdelite med polovice datljev.

Potresemo s cimetom in takoj postrežemo. Dober tek!

Pečena cvetačna pomaka

(Pripravljeno v približno 30 minutah | 7 obrokov)

Na porcijo: Kalorije: 142; Maščoba: 12,5 g; Ogljikovi hidrati: 6,3 g; Beljakovine: 2,9 g

SESTAVINE

1 lb cvetovi cvetače

1/4 skodelice olivnega olja

4 žlice tahinija

1/2 čajne žličke paprike

Morska sol in mleti črni poper po okusu

2 žlici svežega limoninega soka

2 stroka česna, sesekljana

Navodila

Začnite s predgretjem pečice na 420 stopinj F. Cvetače pokapajte z oljčnim oljem in jih razporedite po pekaču, obloženem s pergamentom.

Pečemo približno 25 minut oziroma do mehkega.

Nato cvetačo premešamo z ostalimi sestavinami, po potrebi dolijemo tekočino od kuhanja.

Po želji pokapajte z malo ekstra deviškega oljčnega olja. Dober tek!

Preprosti bučkini zvitki

(Pripravljeno v približno 10 minutah | 5 obrokov)

Na porcijo: Kalorije: 99; Maščobe: 4,4 g; Ogljikovi hidrati: 12,1 g; Beljakovine: 3,1 g

SESTAVINE

1 skodelica humusa, po možnosti domačega

1 srednje velik paradižnik, sesekljan

1 čajna žlička gorčice

1/4 čajne žličke origana

1/2 čajne žličke kajenskega popra

Morska sol in mleti črni poper po okusu

1 velika bučka, narezana na trakove

2 žlici sveže nasekljane bazilike

2 žlici svežega peteršilja, sesekljanega

Navodila

V skledi dobro premešajte humus, paradižnike, gorčico, origano, kajenski pekoč okus, sol in črni poper.

Nadev porazdelimo med trakove bučk in enakomerno porazdelimo. Bučke zvijte in okrasite s svežo baziliko in peteršiljem.

Dober tek!

Sladki krompirček Chipotle

(Pripravljeno v približno 45 minutah | 4 porcije)

Na porcijo: Kalorije: 186; Maščobe: 7,1 g; Ogljikovi hidrati: 29,6 g; Beljakovine: 2,5 g

SESTAVINE

4 srednje velike sladke krompirje, olupljene in narezane na palice

2 žlici arašidovega olja

Morska sol in mleti črni poper po okusu

1 čajna žlička čilija v prahu

1/4 čajne žličke mletega pimenta

1 čajna žlička rjavega sladkorja

1 čajna žlička posušenega rožmarina

Navodila

Pražen krompir začinimo z ostalimi sestavinami.

Pomfrit pecite pri 375 stopinjah F približno 45 minut ali dokler ne postane zlato rjav; ne pozabite enkrat ali dvakrat premešati krompirčka.

Po želji postrezite s svojo najljubšo omako. Dober tek!

Cannellini fižolova omaka

(Pripravljeno v približno 10 minutah | 6 obrokov)

Na porcijo: Kalorije: 123; Maščobe: 4,5 g; Ogljikovi hidrati: 15,6 g; Beljakovine: 5,6 g

SESTAVINE

10 unč konzerviranega fižola cannellini, odcejenega

1 strok česna, mlet

2 pečeni papriki, narezani na rezine

Sveže mlet črni morski poper po okusu

1/2 čajne žličke mlete kumine

1/2 žličke gorčičnih semen

1/2 čajne žličke mletih listov lovorja

3 žlice tahinija

2 žlici svežega italijanskega peteršilja, sesekljanega

Navodila

Vse sestavine, razen peteršilja, dajte v posodo mešalnika ali kuhinjskega robota. Mešajte, dokler se dobro ne poveže.

Omako prestavimo v servirno skledo in jo okrasimo s svežim peteršiljem.

Po želji postrezite z rezinami pita, tortiljinim čipsom ali zelenjavnimi palčkami. Zabavati se!

Začinjena pečena cvetača

(Pripravljeno v približno 25 minutah | 6 obrokov)

Na porcijo: Kalorije: 115; Maščoba: 9,3 g; Ogljikovi hidrati: 6,9 g; Beljakovine: 5,6 g

SESTAVINE

1 1/2 kg cvetov cvetače

1/4 skodelice olivnega olja

4 žlice jabolčnega kisa

2 stroka česna, stisnjena

1 čajna žlička posušene bazilike

1 čajna žlička posušenega origana

Morska sol in mleti črni poper po okusu

Navodila

Začnite s predgretjem pečice na 420 stopinj F.

Cvetačne cvetke začinimo z ostalimi sestavinami.

Cvetače razporedite po pekaču, obloženem s pergamentom. Cvetačne cvetke pečemo v ogreti pečici približno 25 minut oziroma dokler rahlo ne zogenejo.

Dober tek!

Svetli libanonski tum

(Pripravljeno v približno 10 minutah | 6 obrokov)

Na porcijo: Kalorije: 252; Maščoba: 27 g; Ogljikovi hidrati: 3,1 g; Beljakovine: 0,4 g

SESTAVINE

2 glavici česna

1 čajna žlička grobe morske soli

1 1/2 skodelice oljčnega olja

1 limona, sveže stisnjena

2 skodelici korenja, narezanega na vžigalice

Navodila

Pretlačite stroke česna in sol v kuhinjskem robotu mešalnika pri visoki hitrosti, dokler ne postanejo kremasti in gladki, s strganjem po stenah posode.

Postopoma in počasi dodajajte oljčno olje in limonin sok ter izmenjujte ti dve sestavini, da ustvarite puhasto omako.

Mešajte, dokler se omaka ne zgosti. Postrezite s korenčkovimi palčkami in uživajte!

Avokado s pikantno ingverjevo omako

(Pripravljeno v približno 10 minutah | 4 porcije)

Na porcijo: Kalorije: 295; Maščoba: 28,2 g; Ogljikovi hidrati: 11,3 g; Beljakovine: 2,3 g

SESTAVINE

2 avokada, izkoščičena in prerezana na pol

1 strok česna, stisnjen

1 čajna žlička svežega ingverja, očiščenega in nasekljanega

2 žlici balzamičnega kisa

4 žlice ekstra deviškega oljčnega olja

Košer sol in mleti črni poper po okusu

Navodila

Polovičke avokada razporedimo po servirnem krožniku.

V majhni skledi zmešajte česen, ingver, kis, olivno olje, sol in črni poper. Salso razdelite na polovice avokada.

Dober tek!

Pripravljen za prigrizek s čičeriko

(Pripravljeno v približno 30 minutah | 8 obrokov)

Na porcijo: Kalorije: 109; Maščobe: 7,9 g; Ogljikovi hidrati: 7,4 g; Beljakovine: 3,4 g

SESTAVINE

1 skodelica pražene čičerike, odcejene

2 žlici kokosovega olja, stopljenega

1/4 skodelice surovih bučnih semen

1/4 skodelice surovih pekanov

1/3 skodelice posušenih češenj

Navodila

Čičeriko osušite s papirnatimi brisačkami. Čičeriko pokapljamo s kokosovim oljem.

Čičeriko pečemo v predhodno ogreti pečici na 180 stopinj približno 20 minut in jo enkrat ali dvakrat obrnemo.

Čičeriko premešajte z bučnimi semeni in polovičkami pekan orehov. Nadaljujte s kuhanjem, dokler oreščki ne zadišijo, približno 8 minut; pustimo, da se popolnoma ohladi.

Dodamo posušene češnje in premešamo, da se združijo. Dober tek!

Muhammara dip s pridihom

(Pripravljeno v približno 35 minutah | 9 obrokov)

Na porcijo: Kalorije: 149; Maščobe: 11,5 g; Ogljikovi hidrati: 8,9 g; Beljakovine: 2,4 g

SESTAVINE

3 rdeče paprike

5 žlic oljčnega olja

2 stroka česna, sesekljana

1 paradižnik, sesekljan

3/4 skodelice drobtin

2 žlici melase

1 čajna žlička mlete kumine

1/4 sončničnih semen, opečenih

1 sesekljan poper Maras

2 žlici tahinija

Morska sol in rdeča paprika po okusu

Navodila

Začnite s predgretjem pečice na 400 stopinj F.

Paprike razporedite po pekaču, obloženem s peki papirjem. Kuhajte približno 30 minut; očistite papriko in jo prestavite v kuhinjski robot.

Medtem segrejte 2 žlici oljčnega olja v ponvi na srednje močnem ognju. Česen in paradižnik pražimo približno 5 minut oziroma dokler se ne zmehčata.

Prepraženo zelenjavo dodajte v kuhinjski robot. Dodamo ostale sestavine in delamo dokler ne dobimo gladke kreme.

Dober tek!

Crostini s špinačo, čičeriko in česnom

(Pripravljeno v približno 10 minutah | 6 obrokov)

Na porcijo: Kalorije: 242; Maščoba: 6,1 g; Ogljikovi hidrati: 38,5 g; Beljakovine: 8,9 g

SESTAVINE

1 bageta, narezana na rezine

4 žlice ekstra deviškega oljčnega olja

Morska sol in rdeča paprika, za začimbo

3 stroki česna, sesekljani

1 skodelica kuhane čičerike, odcejene

2 skodelici špinače

1 žlica svežega limoninega soka

Navodila

Predgrejte žar.

Rezine kruha premažite z 2 žlicama olivnega olja in potresite z morsko soljo in kosmiči rdeče paprike. Postavite pod predhodno segret brojler za približno 2 minuti ali dokler ni rahlo opečen.

V skledi previdno zmešamo česen, čičeriko, špinačo, limonin sok in preostali 2 žlici olivnega olja.

Vsak toast prelijemo s čičerikino mešanico. Dober tek!

Gobove mesne kroglice in kanelini fižol

(Pripravljeno v približno 15 minutah | 4 porcije)

Na porcijo: Kalorije: 195; Maščobe: 14,1 g; Ogljikovi hidrati: 13,2 g; Beljakovine: 3,9 g

SESTAVINE

4 žlice oljčnega olja

1 skodelica narezanih gob

1 šalotka, sesekljana

2 stroka česna, nasekljana

1 skodelica konzerviranega ali kuhanega fižola cannellini, odcejenega

1 skodelica kuhane kvinoje

Morska sol in mleti črni poper po okusu

1 čajna žlička prekajene paprike

1/2 čajne žličke čilijevih kosmičev

1 čajna žlička gorčičnih semen

1/2 čajne žličke posušenega kopra

Navodila

V nepregorni ponvi segrejte 2 žlici olivnega olja. Ko so gobe in šalotke segrete, jih kuhajte 3 minute ali dokler se ne zmehčajo.

Dodajte česen, fižol, kvinojo in začimbe. Premešamo, da se dobro poveže in nato z naoljenimi rokami oblikujemo enakomerne kroglice.

Nato segrejte preostali 2 žlici oljčnega olja v ponvi proti prijemanju na srednjem ognju. Ko se segrejejo, mesne kroglice cvremo približno 10 minut, da z vseh strani porjavijo.

Postrezite s koktajl palčkami. Dober tek!

Kumarični krogi s humusom

(Pripravljeno v približno 10 minutah | 6 obrokov)

Na porcijo: Kalorije: 88; Maščobe: 3,6 g; Ogljikovi hidrati: 11,3 g; Beljakovine: 2,6 g

SESTAVINE

1 skodelica humusa, po možnosti domačega

2 velika paradižnika, narezana na kocke

1/2 čajne žličke čilijevih kosmičev

Morska sol in mleti črni poper po okusu

2 angleški kumari, narezani na kolobarje

Navodila

Humusovo pomako razdelite med kumare.

Obložimo jih s paradižniki; vsako kumaro potresemo z kosmiči rdeče paprike, soljo in črnim poprom.

Postrezite hladno in uživajte!

Polnjeni grižljaji Jalapeño

(Pripravljeno v približno 15 minutah | 6 obrokov)

Na porcijo: Kalorije: 108; Maščobe: 6,6 g; Ogljikovi hidrati: 7,3 g; Beljakovine: 5,3 g

SESTAVINE

1/2 skodelice surovih sončničnih semen, namočenih čez noč in odcejenih

4 žlice sesekljane šalotke

1 čajna žlička česna, mletega

3 žlice prehranskega kvasa

1/2 skodelice čebulne smetane

1/2 čajne žličke kajenskega popra

1/2 žličke gorčičnih semen

12 jalapeňov, prepolovljenih in posejanih

1/2 skodelice drobtin

Navodila

V kuhinjskem robotu ali visokohitrostnem mešalniku zmešajte surova sončnična semena, šalotko, česen, prehranski kvas, juho, kajenski poper in gorčična semena, dokler se dobro ne povežejo.

Zmes vlijemo v jalapeños in potresemo z drobtinami.

Pečemo v pečici, ogreti na 200 stopinj, približno 13 minut oziroma dokler se paprika ne zmehča. Postrežemo ga vroče.

Dober tek!

Čebulni obročki v mehiškem slogu

(Pripravljeno v približno 35 minutah | 6 obrokov)

Na porcijo: Kalorije: 213; Maščobe: 10,6 g; Ogljikovi hidrati: 26,2 g; Beljakovine: 4,3 g

SESTAVINE

2 srednji čebuli, narezani na kolobarje

1/4 skodelice večnamenske moke

1/4 skodelice pirine moke

1/3 skodelice riževega mleka, nesladkanega

1/3 skodelice lager piva

Morska sol in mleti črni poper, za začimbe

1/2 čajne žličke kajenskega popra

1/2 žličke gorčičnih semen

1 skodelica tortiljinega čipsa, sesekljanega

1 žlica oljčnega olja

Navodila

Začnite s predgretjem pečice na 420 stopinj F.

V plitvi skledi zmešajte moko, mleko in pivo.

V drugi plitvi posodi zmešajte začimbe s sesekljanim tortiljinim čipsom. Čebulne obročke stresite v mešanico moke.

Nato jih povaljajte po začinjeni zmesi in pritisnite, da se dobro prekrijejo.

Čebulne kolobarje razporedite po pekaču, obloženem s peki papirjem. Premažite z olivnim oljem in pecite približno 30 minut. Dober tek!

Pečena korenasta zelenjava

(Pripravljeno v približno 35 minutah | 6 obrokov)

Na porcijo: Kalorije: 261; Maščoba: 18,2 g; Ogljikovi hidrati: 23,3 g; Beljakovine: 2,3 g

SESTAVINE

1/4 skodelice olivnega olja

2 korenčka, olupljena in narezana na 1 1/2-palčne kose

2 pastinaka, olupljena in narezana na 1 1/2-palčne kose

1 steblo zelene, očiščeno in narezano na 1 1/2-palčne kose

1 funt sladkega krompirja, olupljen in narezan na 1 1/2-palčne kose

1/4 skodelice olivnega olja

1 čajna žlička gorčičnih semen

1/2 čajne žličke bazilike

1/2 čajne žličke origana

1 čajna žlička čilijevih kosmičev

1 čajna žlička posušenega timijana

Morska sol in mleti črni poper po okusu

Navodila

Zelenjavo dobro začinite z drugimi sestavinami.

Zelenjavo pečemo v predhodno ogreti pečici na 200°C približno 35 minut, na polovici pečenja pa premešamo.

Okusite, prilagodite začimbe in postrezite vroče. Dober tek!

Humus na indijski način

(Pripravljeno v približno 10 minutah | 10 porcij)

Na porcijo: Kalorije: 171; Maščobe: 10,4 g; Ogljikovi hidrati: 15,3 g; Beljakovine: 5,4 g

SESTAVINE

20 unč konzervirane ali kuhane čičerike, odcejene

1 čajna žlička narezanega česna

1/4 skodelice tahinija

1/4 skodelice olivnega olja

1 limeta, sveže stisnjena

1/4 čajne žličke kurkume

1/2 čajne žličke mlete kumine

1 čajna žlička curryja v prahu

1 čajna žlička koriandrovih semen

1/4 skodelice čičerikine tekočine ali več, če je potrebno

2 žlici svežega koriandra, grobo sesekljanega

Navodila

Čičeriko, česen, tahini, olivno olje, limeto, kurkumo, kumino, curry v prahu in koriandrova semena zmešajte v mešalniku ali kuhinjskem robotu.

Mešajte, dokler ne dosežete želene konsistence, postopoma dodajajte čičerikino tekočino.

Do serviranja hranite v hladilniku. Okrasite s svežim koriandrom.

Po želji postrezite z naan kruhom ali zelenjavnimi palčkami.
Dober tek!

Korenčkova salsa in ocvrt fižol

(Pripravljeno v približno 55 minutah | 10 obrokov)

Na porcijo: Kalorije: 121; Maščobe: 8,3 g; Ogljikovi hidrati: 11,2 g; Beljakovine: 2,8 g

SESTAVINE

1 1/2 funta korenja, sesekljanega

2 žlici oljčnega olja

4 žlice tahinija

8 unč konzerviranega fižola cannellini, odcejenega

1 čajna žlička česna, mletega

2 žlici limoninega soka

2 žlici sojine omake

Morska sol in mleti črni poper po okusu

1/2 čajne žličke paprike

1/2 čajne žličke posušenega kopra

1/4 skodelice pepit, popečenih

Navodila

Začnite s predgretjem pečice na 390 stopinj F. Pekač obložite s pergamentnim papirjem.

Zdaj korenje pokapljamo z oljčnim oljem in položimo na pripravljen pekač.

Korenje pražimo približno 50 minut oziroma dokler se ne zmehča. Pečeno korenje prenesite v posodo mešalnika.

Dodajte tahini, fižol, česen, limonin sok, sojino omako, sol, črni poper, papriko in koper. Procesirajte, dokler omaka ni kremasta in gladka.

Okrasite z ocvrtimi pepitami in postrezite z lončkom po izbiri. Dober tek!

Hiter in enostaven suši iz bučk

(Pripravljeno v približno 10 minutah | 5 obrokov)

Na porcijo: Kalorije: 129; Maščobe: 6,3 g; Ogljikovi hidrati: 15,9 g; Beljakovine: 2,5 g

SESTAVINE

1 skodelica riža, kuhanega

1 korenček, nariban

1 majhna čebula, naribana

1 avokado, narezan

1 strok česna, mlet

Morska sol in mleti črni poper po okusu

1 srednja bučka, narezana na trakove

Wasabi dip, za serviranje

Navodila

V skledi previdno zmešajte riž, korenje, čebulo, avokado, česen, sol in črni poper.

Nadev porazdelimo med trakove bučk in enakomerno porazdelimo. Bučke zvijte in postrezite z wasabi omako.

Dober tek!

Češnjev paradižnik s humusom

(Pripravljeno v približno 10 minutah | 8 obrokov)

Na porcijo: Kalorije: 49; Maščobe: 2,5 g; Ogljikovi hidrati: 4,7 g; Beljakovine: 1,3 g

SESTAVINE

1/2 skodelice humusa, po možnosti domačega

2 žlici veganske majoneze

1/4 skodelice šalotke, sesekljane

16 češnjevih paradižnikov, odstranite celulozo

2 žlici svežega koriandra, sesekljanega

Navodila

V skledi dobro premešamo humus, majonezo in omako.

Mešanico humusa razdelite med paradižnike. Okrasite s svežim cilantrom in postrezite.

Dober tek!

Gobe v pečici

(Pripravljeno v približno 20 minutah | 4 porcije)

Na porcijo: Kalorije: 136; Maščobe: 10,5 g; Ogljikovi hidrati: 7,6 g; Beljakovine: 5,6 g

SESTAVINE

1 1/2 funta gob, očiščenih

3 žlice oljčnega olja

3 stroki česna, sesekljani

1 čajna žlička posušenega origana

1 čajna žlička posušene bazilike

1/2 čajne žličke posušenega rožmarina

Košer sol in mleti črni poper po okusu

Navodila

Gobe začinimo z ostalimi sestavinami.

Gobe razporedimo po pekaču, obloženem s papirjem za peko.

Gobe pečemo v predhodno ogreti pečici na 200 stopinj približno 20 minut oziroma toliko časa, da se zmehčajo in zadišijo.

Gobe razporedite po krožniku in postrezite s koktajl palčkami. Dober tek!

Zeljni čips

(Pripravljeno v približno 1 uri in 30 minutah | Za 6 obrokov)

Na porcijo: Kalorije: 121; Maščobe: 7,5 g; Ogljikovi hidrati: 8,4 g; Beljakovine: 6,5 g

SESTAVINE

1/2 skodelice sončničnih semen, namočenih čez noč in odcejenih

1/2 skodelice indijskih oreščkov, namočenih čez noč in odcejenih

1/3 skodelice prehranskega kvasa

2 žlici limoninega soka

1 čajna žlička čebule v prahu

1 čajna žlička česna v prahu

1 čajna žlička paprike

Morska sol in mleti črni poper po okusu

1/2 skodelice vode

4 skodelice narezanega zelja

Navodila

V kuhinjskem robotu ali visokohitrostnem mešalniku zmešajte surova sončnična semena, indijske oreščke, prehranski kvas, limonin sok, čebulo v prahu, česen v prahu, papriko, sol, mleti črni poper in vodo, dokler ne postane gladko. Dobro homogenizirajte.

Mešanico prelijte čez liste ohrovta in premešajte, dokler ni dobro prekrita.

Pečemo v predhodno ogreti pečici na 220 stopinj F približno 1 uro 30 minut ali dokler ne postanejo hrustljavi.

Dober tek!

Čolni s humusom iz avokada

(Pripravljeno v približno 10 minutah | 4 porcije)

Na porcijo: Kalorije: 297; Maščoba: 21,2 g; Ogljikovi hidrati: 23,9 g; Beljakovine: 6 g

SESTAVINE

1 žlica svežega limoninega soka

2 zrela avokada, razpolovljena in izkoščičena

8 oz humusa

1 strok česna, mlet

1 srednje velik paradižnik, sesekljan

Morska sol in mleti črni poper po okusu

1/2 čajne žličke kurkume v prahu

1/2 čajne žličke kajenskega popra

1 žlica tahinija

Navodila

Polovice avokada pokapajte s svežim limoninim sokom.

Zmešajte humus, česen, paradižnik, sol, črni poper, kurkumo v prahu, kajenski poper in tahini. Nadev vlijemo v avokado.

Postrezite takoj.

Polnjene Nacho gobe

(Pripravljeno v približno 25 minutah | 5 obrokov)

Na porcijo: Kalorije: 210; Maščoba: 13,4 g; Ogljikovi hidrati: 17,7 g; Beljakovine: 6,9 g

SESTAVINE

1 skodelica tortiljinega čipsa, sesekljanega

1 skodelica konzerviranega ali kuhanega črnega fižola, odcejenega

4 žlice veganskega masla

2 žlici tahinija

4 žlice sesekljane šalotke

1 čajna žlička česna, mletega

1 jalapeno, sesekljan

1 čajna žlička mehiškega origana

1 čajna žlička kajenskega popra

Morska sol in mleti črni poper po okusu

15 srednje velikih gob, očiščenih, brez pecljev

Navodila

Vse sestavine razen gob dobro premešajte v posodi za mešanje.

Nacho mešanico razdelite med gobe.

Pečemo v predhodno ogreti pečici na 180°C približno 20 minut oziroma dokler se ne zmehčajo in zapečejo. Dober tek!

Solatni zavitki s humusom in avokadom

(Pripravljeno v približno 10 minutah | 6 obrokov)

Na porcijo: Kalorije: 115; Maščoba: 6,9 g; Ogljikovi hidrati: 11,6 g; Beljakovine: 2,6 g

SESTAVINE

1/2 skodelice humusa

1 paradižnik, sesekljan

1 korenček, sesekljan

1 srednje velik avokado, izkoščičen in narezan na kocke

1 čajna žlička belega kisa

1 čajna žlička sojine omake

1 čajna žlička agavinega sirupa

1 žlica Sriracha omake

1 čajna žlička česna, mletega

1 čajna žlička ingverja, sveže naribanega

Košer sol in mleti črni poper po okusu

1 zelena solata z maslom, narezana na liste

Navodila

Dobro premešajte humus, paradižnik, korenček in avokado. Zmešajte beli kis, sojino omako, agavin sirup, omako Sriracha, česen, ingver, sol in črni poper.

Nadev porazdelimo po listih solate, jih zvijemo in postrežemo z omako ob strani.

Dober tek!

Pečen brstični ohrovt

(Pripravljeno v približno 35 minutah | 6 obrokov)

Na porcijo: Kalorije: 151; Maščoba: 9,6 g; Ogljikovi hidrati: 14,5 g; Beljakovine: 5,3 g

SESTAVINE

2 kilograma brstičnega ohrovta

1/4 skodelice olivnega olja

Groba morska sol in mleti črni poper po okusu

1 čajna žlička čilijevih kosmičev

1 čajna žlička posušenega origana

1 čajna žlička posušenega peteršilja

1 čajna žlička gorčičnih semen

Navodila

Premešajte brstični ohrovt z drugimi sestavinami, dokler ni dobro prekrit.

Zelenjavo pečemo v predhodno ogreti pečici na 200°C približno 35 minut, na polovici pečenja pa premešamo.

Okusite, prilagodite začimbe in postrezite vroče. Dober tek!

Poblano sladki krompirjevi poperji

(Pripravljeno v približno 25 minutah | 7 obrokov)

Na porcijo: Kalorije: 145; Maščobe: 3,6 g; Ogljikovi hidrati: 24,9 g; Beljakovine: 5,3 g

SESTAVINE

1/2 funta cvetače, obrezane in narezane na kocke

1 kg sladkega krompirja, olupljenega in narezanega na kocke

1/2 skodelice mleka iz indijskih oreščkov, nesladkanega

1/4 skodelice veganske majoneze

1/2 čajne žličke karija v prahu

1/2 čajne žličke kajenskega popra

1/4 čajne žličke posušenega kopra

Pečen in mlet črni poper, po okusu

1/2 skodelice svežih drobtin

14 svežih poblano paprik, prepolovljenih, brez semen

Navodila

Cvetačo in sladki krompir kuhajte približno 10 minut ali dokler se ne zmehčata. Zdaj jih pretlačite z mlekom iz indijskih oreščkov.

Dodajte vegansko majonezo, kari v prahu, kajenski poper, koper, sol in črni poper.

Mešanico prelijemo čez paprike in okrasimo z drobtinami.

Pečemo v pečici, ogreti na 200 stopinj, približno 13 minut oziroma dokler se paprika ne zmehča.

Dober tek!

Pečen bučkin čips

(Pripravljeno v približno 1 uri in 30 minutah | Za 7 porcij)

Na porcijo: Kalorije: 48; Maščobe: 4,2 g; Ogljikovi hidrati: 2 g; Beljakovine: 1,7 g

SESTAVINE

1 lb bučke, narezane na 1/8-palčne debele rezine

2 žlici oljčnega olja

1/2 čajne žličke posušenega origana

1/2 čajne žličke posušene bazilike

1/2 čajne žličke čilijevih kosmičev

Morska sol in mleti črni poper po okusu

Navodila

Bučo začinimo z ostalimi sestavinami.

Rezine bučk v eni plasti razporedite po pekaču, obloženem s pergamentom.

Pecite pri 235 stopinjah F približno 90 minut, dokler ne postanejo hrustljavi in zlati. Bučkin krompirček bo hrustljav, ko se ohladi.

Dober tek!

Pristen libanonski dip

(Pripravljeno v približno 10 minutah | 12 obrokov)

Na porcijo: Kalorije: 117; Maščobe: 6,6 g; Ogljikovi hidrati: 12,2 g; Beljakovine: 4,3 g

SESTAVINE

2 pločevinki (15 oz) čičerike/čičerike

4 žlice limoninega soka

4 žlice tahinija

2 žlici oljčnega olja

1 čajna žlička ingverjevo-česnove paste

1 čajna žlička libanonske mešanice 7 začimb

Morska sol in mleti črni poper po okusu

1/3 skodelice čičerikine tekočine

Navodila

V mešalniku ali kuhinjskem robotu zmešajte čičeriko, limonin sok, tahini, olivno olje, ingverjevo česnovo pasto in začimbe.

Mešajte, dokler ne dosežete želene konsistence, postopoma dodajajte čičerikino tekočino.

Do serviranja hranite v hladilniku. Po želji postrezite z zelenjavnimi palčkami. Dober tek!

Veganske ovsene polpete

(Pripravljeno v približno 15 minutah | 4 porcije)

Na porcijo: Kalorije: 284; Maščobe: 10,5 g; Ogljikovi hidrati: 38,2 g; Beljakovine: 10,4 g

SESTAVINE

1 skodelica ovsenih kosmičev

1 skodelica kuhane ali konzervirane čičerike

2 stroka česna, sesekljana

1 čajna žlička čebule v prahu

1/2 čajne žličke mlete kumine

1 čajna žlička posušenih peteršiljevih kosmičev

1 čajna žlička posušenega majarona

1 žlica chia semen, namočenih z 2 žlicama vode

Nekaj izbruhov tekočega dima

Morska sol in sveže mlet črni poper po okusu

2 žlici oljčnega olja

Navodila

Sestavine, razen oljčnega olja, dobro premešamo. Premešamo, da se dobro poveže in nato z naoljenimi rokami oblikujemo enakomerne kroglice.

Nato segrejte olivno olje v ponvi proti prijemanju na srednjem ognju. Ko se segrejejo, mesne kroglice cvremo približno 10 minut, da z vseh strani porjavijo.

Mesne kroglice razporedite po krožniku in postrezite s palčkami za koktajl. Dober tek!

Poprovi čolni z mangovo salso

(Pripravljeno v približno 5 minutah | 4 porcije)

Na porcijo: Kalorije: 74; Maščobe: 0,5 g; Ogljikovi hidrati: 17,6 g; Beljakovine: 1,6 g

SESTAVINE

1 mango, olupljen, brez koščic, narezan na kocke

1 majhna šalotka, sesekljana

2 žlici svežega koriandra, sesekljanega

1 rdeč čili, brez semen in nasekljan

1 žlica svežega limoninega soka

4 paprike, očiščene in prerezane na pol

Navodila

Dobro premešajte mango, šalotko, koriander, kosmiče rdeče paprike in limonin sok.

Mešanico vlijemo v polovice paprike in takoj postrežemo.

Dober tek!

Pikantni cvetovi brokolija z rožmarinom

(Pripravljeno v približno 35 minutah | 6 obrokov)

Na porcijo: Kalorije: 135; Maščoba: 9,5 g; Ogljikovi hidrati: 10,9 g; Beljakovine: 4,4 g

SESTAVINE

2 kilograma cvetov brokolija

1/4 skodelice ekstra deviškega oljčnega olja

Morska sol in mleti črni poper po okusu

1 čajna žlička ingverjevo-česnove paste

1 žlica svežega rožmarina, sesekljanega

1/2 čajne žličke limonine lupinice

Navodila

Brokoli zmešajte z drugimi sestavinami, dokler ni dobro prekrit.

Zelenjavo pečemo v predhodno ogreti pečici na 200°C približno 35 minut, na polovici pečenja pa premešamo.

Okusite, prilagodite začimbe in postrezite vroče. Dober tek!

Pečen hrustljav čips rdeče pese

(Pripravljeno v približno 35 minutah | 6 obrokov)

Na porcijo: Kalorije: 92; Maščoba: 9,1 g; Ogljikovi hidrati: 2,6 g; Beljakovine: 0,5 g

SESTAVINE

2 pesi, olupljeni in narezani na 1/8-palčne debele rezine

1/4 skodelice olivnega olja

Morska sol in mleti črni poper po okusu

1/2 čajne žličke čilijevih kosmičev

Navodila

Rezine rdeče pese začinimo z ostalimi sestavinami.

Rezine rdeče pese v eni plasti razporedite po pekaču, obloženem s pergamentom.

Pečemo pri 400 stopinjah F približno 30 minut, dokler ne postanejo hrustljavi. Dober tek!

Klasično vegansko maslo

(Pripravljeno v približno 10 minutah | 16 obrokov)

Na porcijo: Kalorije: 89; Maščobe: 10,1 g; Ogljikovi hidrati: 0,2 g; Beljakovine: 0,1 g

SESTAVINE

2/3 skodelice rafiniranega kokosovega olja, stopljenega

1 žlica sončničnega olja

1/4 skodelice sojinega mleka

1/2 čajne žličke sladnega kisa

1/3 čajne žličke grobe morske soli

Navodila

V posodo mešalnika dodajte kokosovo olje, sončnično olje, mleko in kis. Mešajte, da se dobro premeša.

Dodajte morsko sol in nadaljujte z mešanjem, dokler zmes ni kremasta in gladka; ohladite, dokler se strdi.

Dober tek!

Mediteranski bučni obrazi

(Pripravljeno v približno 20 minutah | 4 porcije)

Na porcijo: Kalorije: 260; Maščobe: 14,1 g; Ogljikovi hidrati: 27,1 g; Beljakovine: 4,6 g

SESTAVINE

1 skodelica večnamenske moke

1/2 čajne žličke pecilnega praška

1/2 čajne žličke posušenega origana

1/2 čajne žličke posušene bazilike

1/2 čajne žličke posušenega rožmarina

Morska sol in mleti črni poper po okusu

1 1/2 skodelice bučke, naribane

1 chia jajce

1/2 skodelice riževega mleka

1 čajna žlička česna, mletega

2 žlici narezane šalotke

4 žlice oljčnega olja

Navodila

Dobro zmešajte moko, pecilni prašek in začimbe. V ločeni skledi zmešajte bučke, chia jajce, mleko, česen in šalotko.

Dodajte mešanico bučk v mešanico suhe moke; premešajte, da se dobro premeša.

Nato v ponvi na srednjem ognju segrejte olivno olje. Palačinke pečemo 2 do 3 minute na vsaki strani, dokler niso zlato rjave.

Dober tek!

www.ingramcontent.com/pod-product-compliance
Lightning Source LLC
Chambersburg PA
CBHW071859110526
44591CB00011B/1472